国家创新型产业集群
发展报告（2020）

科学技术部火炬高技术产业开发中心◎编著
TORCH HIGH TECHNOLOGY INDUSTRY DEVELOPMENT CENTER,
MINISTRY OF SCIENCE AND TECHNOLOGY

经济管理出版社
ECONOMY & MANAGEMENT PUBLISHING HOUSE

图书在版编目（CIP）数据

国家创新型产业集群发展报告（2020）/科学技术部火炬高技术产业开发中心编著．—北京：经济管理出版社，2021.7

ISBN 978－7－5096－8150－3

Ⅰ.①国… Ⅱ.①科… Ⅲ.①产业集群—产业发展—研究报告—中国—2020 Ⅳ.①F269.23

中国版本图书馆 CIP 数据核字(2021)第 145200 号

组稿编辑：范美琴
责任编辑：范美琴　张玉珠
责任印制：黄章平
责任校对：王淑卿

出版发行：经济管理出版社
（北京市海淀区北蜂窝 8 号中雅大厦 A 座 11 层　100038）
网　　址：www. E－mp. com. cn
电　　话：（010）51915602
印　　刷：唐山玺诚印务有限公司
经　　销：新华书店
开　　本：787mm×1092mm/16
印　　张：13
字　　数：208 千字
版　　次：2021 年 8 月第 1 版　　2021 年 8 月第 1 次印刷
书　　号：ISBN 978－7－5096－8150－3
定　　价：88.00 元

目　录

第一章　国家创新型产业集群概况

第一节　建设背景

集群化是产业升级发展的基本途径之一。产业集群，或者说相互联系的企业在地理上的集中，已成为不同国家或地区的共同经济特征，在一定程度上影响着世界经济的版图，构成当今世界经济发展的基本架构。作为一种有效的产业组织模式，产业集群以“增长极”的形式推动着国家和地区的经济发展，成为重要的经济现象，是提升产业竞争力和区域竞争力、促进区域经济发展的有效途径。

产业集群化在全球的实践由来已久。源起于18世纪下半叶先进工业国家的生产分工与高度专业化，与之相伴的产业集聚现象开始出现。新古典经济学代表人物马歇尔较早关注了这一经济现象，并由此奠定了产业集群理论最初的思想基础。此后，在100多年来的实践和理论交互推动下，到20世纪90年代，产业集群与区域创新相互融合，形成推动集群升级并走向高级化的浪潮。

现代产业集群已呈现出三个不同以往的特征：一是集群不仅是生产集群，更是创新集群，集群化创新推动了新技术、新产品、新服务不断涌现；二是集群不仅是国家或地区的生产力源泉，更是竞争力源泉，成为体现当代国际竞争力的重要标志；三是集群的形成和发展不仅是基于自然禀赋和产业区位的市场化过程，更是国家或地区提升竞争力和影响力的有意识行动。

创新型产业集群是以创新驱动为特征的产业集群，其本质就是产业创新集群，不仅是现代产业集群从产业共同体迈向创新共同体的主要标志，也是现代化经济体系的重要产业基础。创新型产业集群是指产业链相关联企业、研发机构和服务机构在特定区域集聚，通过分工合作和协同创新，形成的具有跨行业跨区域带动作用和国际竞争力的产业组织形态。

创新型产业集群有这样五个基本特征：一是集群内拥有大批致力于创新、持续开展创新活动的企业、企业家和人才；二是集群内的主要产业是知识密集或技术含量较高的产业，知识交流和创新互动频繁；三是集群内的人力、物力、资本、信息和情感交流等呈现网络化；四是集群内具有倡导和鼓励企业创新创业的政策环境、文化氛围、企业家精神等；五是集群形成了以价值链为导向、以产业链为纽带的企业协作网络，和创新链、产业链深度融合的协同创新网络。

创新型产业集群是传统产业集群升级的对象和目标。与传统产业集群相比，它属于现代产业集群；与劳动密集型产业集群相比，它属于知识或技术密集型产业集群；与模仿型产业集群相比，它具有更强的集群化创新能力。对创新型产业集群进行评价的焦点是创新，主要侧重以下三个方面：一是创新驱动力，包括科技创新、金融创新、管理创新、制度创新、商业模式创新等；二是产业的规模和品牌的彰显力，包括产品的市场份额、产业的经济规模、技术标准的国际话语权、企业集群和行业竞争的优势；三是产业集群的组织方式，包括运行体系、协作机制、组织网络、文化建设和环境建设等。

第二节　发展历程

改革开放以来，在市场机制发挥作用和政府的引导扶持下，产业集群已成为区域经济发展的重要载体和组织形式。不断推动产业集群升级发展，既是促进传统产业转型升级和新兴产业培育发展的重要路径，也是引导和推动区域经济社会协调发展的客观需求。

2011 年 7 月，科学技术部基于对我国高新技术产业化的实践总结和全球产业集群化竞争的态势分析，为推动我国高新技术产业集群升级发展，发布了《科学技术部关于印发关于进一步加强火炬工作　促进高新技术产业化的指导意见的通知》，提出要"根据地方产业结构调整的战略需求和产业基础，加强创新型产业集群战略规划和顶层设计，实现科学布局和有序发展。加强政府引导，发挥市场作用，按照专业特色和产业链关系集聚各类生产要素和创新资源，完善产业培育体系，创新产业发展模式，形成制造业和服务业的良性互动发展。以国家高新区为主要载体，以实施国家科技重大专项为重要抓手，推进战略性新兴产业集群化，建设一批具有国际竞争力的产业集群"。

2012 年 4 月，为有效应对国内外复杂多变的经济形势影响，国务院提出了《国务院关于进一步支持小型微型企业健康发展的意见》，其中指出要"开展创新型产业集群试点建设工作"。并在同年 8 月《国务院办公厅关于印发进一步支持小型微型企业健康发展重点工作部门分工方案》中明确由科技部牵头负责此项工作，包括制定和发布创新型产业集群试点认定管理办法及评价指标体系、组织认定和实施。同年 9 月，中共中央、国务院发布《关于深化科技体制改革加快国家创新体系建设的意见》，进一步指出："'十二五'时期的主要目标：一是确立企业在技术创新中的主体地位……培育若干综合竞争力居世界前列的创新型企业和科技型中小企业创新集群。""加强区域间科技合作，推动创新要素向区域特色产业聚集，培育一批具有国际竞争力的产业集群。"

为此，根据国务院部门分工，2013 年 2 月，科技部颁发了《创新型产业集群试点认定管理办法》，正式启动实施创新型产业集群试点工作。《创新型产业集群试点认定管理办法》明确了创新型产业集群的性质、申请集群试点的条件与程序，提出"集群试点工作在高新技术产业园区开展，一般以国家高新技术产业开发区为重点"，在工作组织管理上强调"科技部负责集群试点工作管理，科技部火炬高技术产业开发中心承担试点的申报受理、组织认定和工作推进，发布申报通知并按照《创新型产业集群试点评价指标体系》进行试点工作评价”。并要求根据创新型产业集群试点评价指标体系（试行）“做好集群工作年度评价”。

自2013年开始，在科技部统一部署下，按照国家战略与地方目标相结合、市场主导与政府推动相结合、科技创新与产业发展相结合的原则，2013年11月，首批认定了10个创新型产业集群试点；2014年12月，第二批认定了22个创新型产业集群试点；2017年11月，第三批认定了29个创新型产业集群试点。在此期间，为稳步推进创新型产业集群建设，还确认了48个创新型产业集群试点（培育），初步形成了创新型产业集群的梯次培育机制。

2016年7月，在实施创新驱动发展战略的背景下，依据《中华人民共和国国民经济和社会发展第十三个五年规划纲要》《国家创新驱动发展战略纲要》和《国家中长期科学和技术发展规划纲要（2006—2020年）》，国务院印发了《“十三五”国家科技创新规划》，明确了“十三五”时期科技创新的总体思路、发展目标、主要任务和重大举措。该规划在部署打造区域创新高地、推动国家自主创新示范区和高新区创新发展的任务中强调要“建设创新型产业集群，发挥集群骨干企业创新示范作用，促进大中小企业的分工协作，引导跨区域跨领域集群协同发展”。

2017年10月，党的十九大隆重召开。党的十九大报告强调指出：“我国经济已由高速增长阶段转向高质量发展阶段，正处在转变发展方式、优化经济结构、转换增长动力的攻关期，建设现代化经济体系是跨越关口的迫切要求和我国发展的战略目标。必须坚持质量第一、效益优先，以供给侧结构性改革为主线，推动经济发展质量变革、效率变革、动力变革，提高全要素生产率，着力加快建设实体经济、科技创新、现代金融、人力资源协同发展的产业体系，着力构建市场机制有效、微观主体有活力、宏观调控有度的经济体制，不断增强我国经济创新力和竞争力。”“促进我国产业迈向全球价值链中高端，培育若干世界级先进制造业集群。”这些为创新型产业集群在中国特色社会主义新时代的创新发展指明了方向。创新型产业集群工作开始进入巩固成果、转型升级、迈向高质量发展的新时期。

第三节　战略布局

创新型产业集群在总体布局上突出以国家高新技术产业开发区为布局重点，把国家战略性新兴产业作为重点产业，把京津冀协同发展、粤港澳大湾区建设、长三角一体化发展、长江经济带发展、黄河流域生态保护和高质量发展五个重大国家战略区域作为重点区域。截至2019年底，目前已纳入科技部火炬中心统计和评价范围的109个创新型产业集群，分布于全国28个省、自治区、直辖市，其中87%位于国家高新区内。

按照国家统计局《战略性新兴产业分类（2018）》，创新型产业集群覆盖了全部9个一级产业分类，如表1－1所示。

表1－1　创新型产业集群产业分类

序号	分类名称	创新型产业集群数量（个）
1	新一代信息技术	19
2	高端装备制造	25
3	新材料	14
4	生物	25
5	新能源汽车	10
6	新能源	7
7	节能环保	5
8	数字创意	2
9	相关服务业	2

注：除特殊说明外，本书所有图表数据均来源于火炬统计。本书中因小数点取舍而产生的误差均未做配平处理。

创新型产业集群在京津冀协同发展、粤港澳大湾区建设、长三角一体化发展、长江经济带发展、黄河流域生态保护和高质量发展五大国家战略区域的布局情况如表 1－2 所示。

表 1－2　五大国家战略区域创新型产业集群分布

序号	区域	创新型产业集群数量（个）
1	京津冀协同发展	11
2	粤港澳大湾区建设	12
3	长三角一体化发展	22
4	长江经济带发展	43
5	黄河流域生态保护和高质量发展	27

在全国区域分布上，按照科技部火炬中心相关火炬统计定义，可将创新型产业集群分为 4 个区域：东部地区、中部地区、西部地区、东北地区，具体分布情况如表 1－3 所示。

表 1－3　创新型产业集群区域分布

序号	分类名称	创新型产业集群数量（个）
1	东部地区	58
2	中部地区	21
3	西部地区	19
4	东北地区	10

第二章　国家创新型产业集群总体情况

第一节　产业创新

当前，我国已进入由效率驱动转为创新驱动发展的重要机遇期。以科技创新引领产业创新已成为实施创新驱动发展战略、推进供给侧结构性改革的核心内容，也是提升产业现代化水平、建设现代化经济体系的有力支撑。

现代产业创新往往不是单一企业的创新行为或者结果，而是企业群体的创新集合，更多地体现为集群式、网络化、连续性创新。通过产业创新，能够促进创新链与产业链深度融合，实现产业链协同创新，打通产业链各个环节，破解产业发展“卡脖子”问题，并孕育出新业态、新模式、新产业，加快构筑现代产业体系，打造新引擎、再造新优势。

为有效发挥产业创新作用，加快构建现代产业体系，促进经济高质量发展，近年来，各创新型产业集群着力产业创新，通过创新驱动提升产业基础能力、创新能力和产业链现代化水平，整体协同创新能力和核心竞争力显著提升，产业链正逐步迈向中高端。例如，有的集群聚焦国家重大战略需求，支持企业加大研发力度，鼓励优秀科技企业承担各类政府资助项目，攻克了一批产业链关键核心技术；有的以集群领军企业和关键核心企业为重点，充分发挥科技型中小企业优势，实施集群企业梯次培育行动计划，不断壮大集群企业队伍，促进大中小企业协同创新、融通发展，并形成一批具有核心竞争力、市场影响力和行业话语权的国际领先企业；有的积极鼓励集群企业采取多种形式，与高校、科研机构合作建立研发中心、设计中心和工程技术中心，积极深化产学研用协同创新，集群产业创新能力和产业链现代化水平不断提升，促进高新技术产业实现高质量发展，等等。

根据科技部火炬中心创新型产业集群统计，可以从高新技术企业、企业研发经费支出、拥有发明专利、形成国内外标准方面数据，展现出创新型产业集群在产业创新方面的总体情况。

一、高新技术企业占比

截至2019年底，创新型产业集群共有23638家企业，其中高新技术企业10303家，占比达到44%。数字创意和相关服务业创新型产业集群高新技术企业占比较高，分别为60%和61%；节能环保和新材料创新型产业集群高新技术企业占比最小，分别为20%和29%（见表2－1）。中西部地区高新技术企业占比较高，为52%，高于东部地区，如表2－2所示。

表2－1　不同产业高新技术企业占比

集群产业	企业数量（家）	高新技术企业数量（家）	高新技术企业占比（%）
新一代信息技术	7520	3526	47
高端装备制造	4319	1831	42
新材料	1755	510	29
生物	4409	1480	34
新能源汽车	1222	716	59
新能源	1265	716	57
节能环保	941	191	20
数字创意	1472	887	60

续表

集群产业	企业数量（家）	高新技术企业数量（家）	高新技术企业占比（%）
相关服务业	735	446	61
总　计	23638	10303	44

表 2－2　不同区域高新技术企业占比

集群区域	企业数量（家）	高新技术企业数量（家）	高企占比（%）
东部地区	14234	5704	40
中部地区	3060	1579	52
西部地区	3479	1807	52
东北地区	2865	1213	42
总　计	23638	10303	44

2017～2019 年，在创新型产业集群企业数量持续增长的同时，高新技术企业数量不断增长，并且速度更快，占比也从 37% 增长到 41%，2019 年更进一步增长到 44%，成功实现“三连升”，如图 2－1 所示。

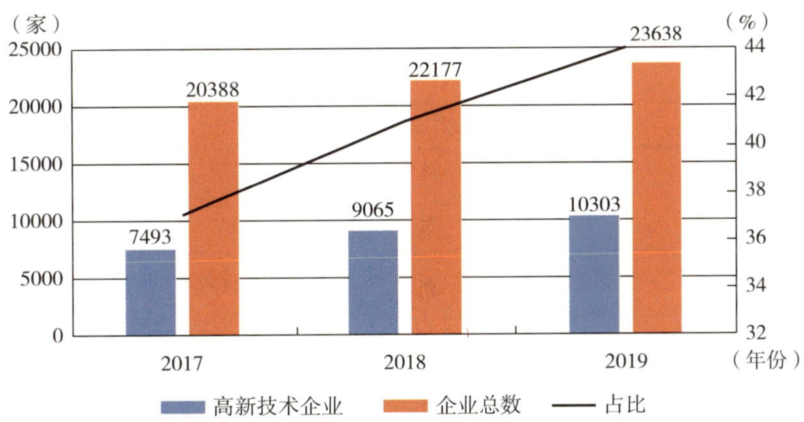

图 2－1　2017～2019 年高新技术企业占比持续提升

二、企业研发经费支出占比

截至2019年底，创新型产业集群营业收入5.7万亿元，企业研发经费总计2747.8亿元，企业研发经费支出占营业收入的比重达到4.8%。其中数字创意创新型产业集群研发强度最大，达到12.4%；节能环保和新能源创新型产业集群研发强度最小，仅有1.8%，显示出研发强度与高新技术企业比重高度相关（见表2－3）。东部地区企业研发经费支出占比较高，达到5.1%；东北地区企业研发经费支出占比较低，为3.0%，如表2－4所示。

表2－3　不同产业企业研发经费支出占比

集群产业	营业收入（千元）	企业研发经费（千元）	企业研发经费支出占比（%）
新一代信息技术	2102691864	148491801	7.1
高端装备制造	1072942805	31624310	2.9
新材料	527346686	12069092	2.3
生物	790093764	16553775	2.1
新能源汽车	442732691	20377776	4.6
新能源	400486656	7240284	1.8
节能环保	94166033	1695878	1.8
数字创意	255806923	31735177	12.4
相关服务业	53402848	4996085	9.4
总　计	5739670270	274784178	4.8

表2－4　不同区域企业研发经费支出占比

集群区域	营业收入（千元）	企业研发经费（千元）	企业研发经费支出占比（%）
东部地区	3813614170.00	194759480.60	5.1
中部地区	669588986.30	28070565.47	4.2
西部地区	866546332.70	41668238.40	4.8
东北地区	344492303.20	10285893.62	3.0
总　计	5694241792.2	274784178.09	4.8

2017～2019年，集群企业研发经费支出从2129.6亿元增长到2747.8亿元，年均研发强度增速达到13.6%，如图2－2所示。

图2－2　2017～2019年集群企业研发经费支出占比

三、万人拥有有效发明专利数

截至2019年底，创新型产业集群共有人员419.2万人，拥有有效发明专利总计201912件，万人拥有有效发明专利数481.7件。其中，新能源与新一代信息技术创新型产业集群万人拥有有效发明专利数较多，均超过782件；节能环保创新型产业集群万人拥有有效发明专利数最少，仅有149.7件（见表2－5）。东部地区万人拥有有效发明专利数较高，为606.0件；东北地区万人拥有有效发明专利数较低，为243.1件，如表2－6所示。

表2－5　不同产业万人拥有有效发明专利数

集群产业	集群人数（万人）	拥有有效发明专利（件）	万人拥有有效发明专利数（件）
新一代信息技术	144.2	112809	782.3
高端装备制造	85.2	20632	242.2

续表

集群产业	集群人数（万人）	拥有有效发明专利（件）	万人拥有有效发明专利数（件）
新材料	29.9	6667	223.0
生物	59.7	17426	291.9
新能源汽车	28.2	8892	315.3
新能源	26.1	20431	782.8
节能环保	10.7	1602	149.7
数字创意	22.4	9924	443.0
相关服务业	12.8	3529	275.7
总　计	419.2	201912	481.7

表 2－6　不同区域万人拥有有效发明专利数

集群区域	集群人数（万人）	拥有有效发明专利（件）	万人拥有有效发明专利数（件）
东部地区	255.4	154779	606.0
中部地区	59.4	20943	352.6
西部地区	64.3	16442	255.7
东北地区	40.1	9748	243.1
总　计	419.2	201912	481.7

2017～2019 年，万人拥有有效发明专利数稳步增长，年均增长率达到7%，创新成效显著，如图 2－3 所示。

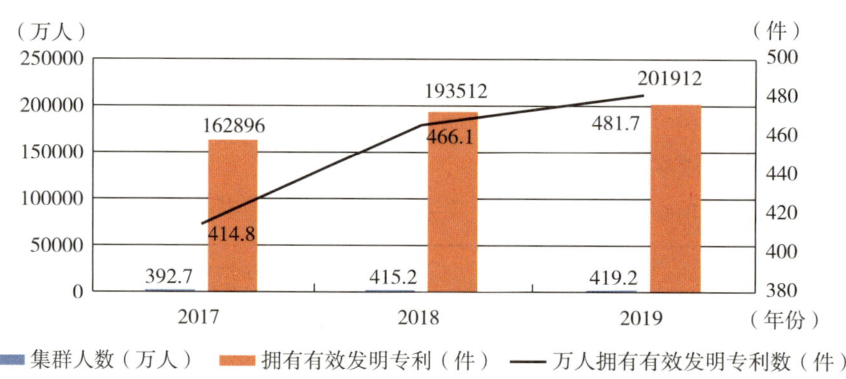

图 2－3　2017～2019 年集群万人拥有有效发明专利数

四、当年形成标准数

2019 年，创新型产业集群当年形成国内外标准共 1191 件。其中，新一代信息技术创新型产业集群形成标准数最多，达到 458 件；节能环保创新型产业集群形成标准数最少，仅有 14 件（见表 2 -7）。东部地区形成标准数较高，为 791 件；中部地区形成标准数较低，为 115 件，如表 2 -8 所示。

表 2 -7　2019 年不同产业集群形成标准数

集群产业	2019 年形成标准数（件）
新一代信息技术	458
高端装备制造	281
新材料	112
生物	152
新能源汽车	44
新能源	91
节能环保	14
数字创意	18
相关服务业	21
总　计	1191

表 2 -8　不同区域集群 2019 年形成标准数

集群区域	2019 年形成标准数（件）
东部地区	791
中部地区	115
西部地区	151
东北地区	134
总　计	1191

2017 ~2019 年，当年形成国内外标准数基本保持稳定，未形成显著增长态势，如图2 -4 所示。

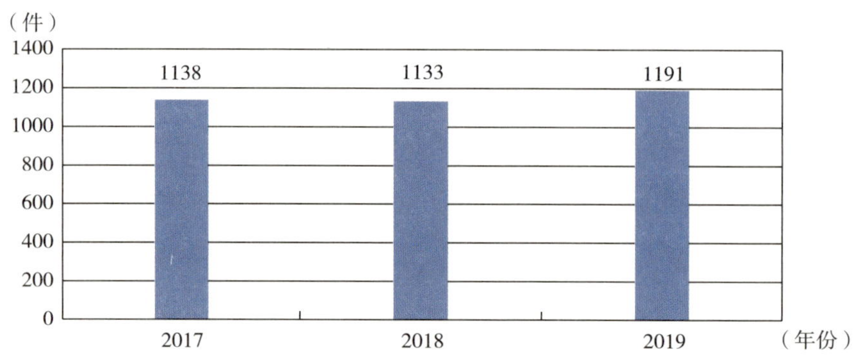

图 2－4　2017～2019 年集群当年形成标准数

案例 2－1　构建产业创新体系，建设现代化工城

——大庆高新区石油化工创新型产业集群

大庆高新区坚持特色产业定位，依托中央直属企业，充分发挥企业的创新主体作用，深入推进地企合作和企业孵化平台建设，构建产业创新体系，整合提高要素配置效率，不断延伸产业链条，努力打造石油化工新材料产业集群，建设现代化工城，集群总体规模和质量效益迈上新台阶，特色化、专业化、创新型产业集群初步形成。

为增强集群产业创新能力，大庆高新区不断完善集技术研发、产品中试、产品检测和成果转化于一体的产业创新体系，建成 1 个专业化工孵化器和 1 个大庆（国家）石化产品检测中心，建成了石油化工创新、共享技术服务等 5 大技术支撑平台。支持东北石油大学化学化工学院及石油工程学院、中石油大庆化工研究中心等的科技创新及成果转化，引导大学、科研机构的科技成果与基地重点产业相结合；支持大庆华科、中蓝石化、油田飞马等行业领军企业建设省级企业工程技术研究中心，引导企业加大研发投入，充分发挥企业的创新主体作用，建立技术领先优势，形成企业核心竞争力；组织大庆油田化工集团研究院、炼化公司设计院等中央直属企业下属科研单位与集群内企业进行创新对接，积极推进化工研究院中试基地、炼化设计院技术服务平台规划建设，重点开展油田化工助剂、丙烯深加工中试成果转化，实现了创新资源的合作共享和优化配置；推动黑龙江省科力高科技产业投资公司、大庆市政府及高新区合作组建大庆高新技术创业投资基金，以股权投资方式，投资新培育的、有核心技术的、成长性良好的石化领域早期或成长期项目。

数据显示，截至2019年底，集群内研发机构总数30个，其中大学3个、研究院所3个、省级及以上重点实验室5个、企业技术中心10个、新型产业技术研发机构3个、博士后科研工作站2个、省级以上工程技术研究中心3个、国家工程实验室1个。

同时，大庆高新区联合高校、研究院所、工程技术研究中心及石油化工企业组建石油化工产业联盟，以提升产业技术创新能力为目标，共同开展石化领域关键技术的攻关与开发，解决石化产业发展中的共性、关键技术问题，推动基地产业快速健康发展；加快市校深度融合发展，推动与东北石油大学共建石油和天然气化工研究院中试基地，促进基地与高校深度融合与发展；充分利用大庆高新区引进建设的中国科学院长春分院大庆产业育成中心，搭建石油化工产业技术服务平台，转化中国科学院研究所石化领域的高科技成果。

此外，大庆高新区深入推进企业孵化平台建设。在已建成4.5万平方米专业化工孵化器的基础上，引进建设专业技术支撑平台和公共服务平台，不断提升孵化功能，培育石油化工科技企业；围绕集群企业发展需要，搭建石油化工领域共享技术服务平台、精细化工产业共享技术服务平台和精细化工产业中试共享技术服务平台；以培育一批高技术含量的石化科技型企业为目标，推进落实黑龙江省千户科技型企业三年行动计划，通过梳理成果、助推成立公司、进入基地孵化、借力资本市场、推动上市等手段，积极培育高新技术企业，不断增强企业实力，不断壮大产业规模。

值得一提的是，大庆高新区推动集群内企业积极嫁接智能制造、“互联网+”，提升产业创新发展层次。通过实施智能化升级工程，引导企业大力采用三维计算机辅助设计（CAD）、计算机辅助工艺规划（CAPP）、制造执行系统（MES）、企业资源计划管理系统（ERP）、产品的全生命周期管理（PLM）等先进技术，推进产业数字化、网络化和智能化，切实提升产品的核心竞争力。通过实施“互联网+石化”升级工程，借助电商、微博、微信等网络平台推动产品营销，实现产品与目标市场的广泛深入对接，缩小市场半径，降低销售成本；加快商业模式创新，促进企业从石化产品供应商升级为综合服务商、从实体型企业转型为平台型企业，增强企业和产业创新发展能力。

案例2－2　不断提升创新支撑能力，培育世界级生物医药产业集群

——广州个体化医疗与生物医药创新型产业集群

广州高新区致力于培育世界级生物医药产业集群，打造生物安全与健康产业发展先导区。近年来，广州高新区紧跟国家生物医药产业一系列的重大政策变化，激活现有创新资源，立足优势、补齐短板，引入新要素，生物医药产业规模壮大、集聚效应明显、发展特色鲜明，建成以广州国际生物岛、广州科学城、广州知识城为核心的生物医药集聚区，形成以精准医学和再生医学为特色、以创新药和高端医疗器械为支撑、第三方医疗服务优势彰显的产业体系，实现产业集群高质量发展。

为提升产业集群创新支撑能力，广州高新区瞄准国家实验室建设目标，整合粤港澳三地资源，集聚了广州再生医学与健康广东省实验室（生物岛实验室）、中国科学院广州生物医药与健康研究院、华南生物医药研究院等重点科技创新平台，加速推进粤港澳大湾区高性能医疗器械创新中心、高端科学仪器创新中心、生物实验室及医疗高端耗材研究院等创新载体建设；依托生物岛实验室、中国科学院广州生物医药与健康研究院建设粤港澳大湾区生物安全创新研究院和人类细胞谱系大科学装置，依托国家纳米科学中心、广东粤港澳大湾区国家纳米科技创新研究院建设纳米生物安全中心，加快形成生物安全研究应急反应能力。引进了包括默克集团创新中心、赛默飞精准医疗中心、百奥泰生物研发中心，以及通用电气（GE）、百济神州、诺诚健华、瑞士龙沙制药等高端生物医药产业项目共30余个，总投资额超200亿元，聚焦打造全国规模最大的单克隆抗体等肿瘤用药生产基地，预计达产总营收近千亿元。

企业是创新的主体。广州高新区不断推动生物医药企业不断壮大，创新能力不断增强。创新药方面，奇绩医药的“金蓉颗粒”获近年来区内企业首张新药证书，百奥

泰阿达木单抗生物类似药在国内首个获批上市，百济神州的单克隆抗体药物研发进展顺利，恒诺康在抗病毒、器官纤维化和中枢神经系统等领域的新药研发取得重要阶段性成果；医疗器械方面，禾信仪器质谱仪在国内享有重要位置，市场占有率较高；再生医学方面，冠昊生物的生物型硬脑（脊）膜补片、优得清脱细胞角膜植片、2项"干细胞及转化研究"获2018年国家重点专项等；精准医学方面，燃石医学的"人EGFR/ALK/BRAF/KRAS基因突变联合检测试剂盒"等技术达到国内先进水平，洁特生物、百奥泰生物先后在科创板首发上市成功。

此外，广州高新区十分重视人才工作，引进海内外高端生命科学人才50多名，其中包括2位诺贝尔奖得主和12位院士，施一公、裴钢、魏于全、徐涛、王晓东、陈晔光、谢晓亮等院士团队齐聚，带来各自专业领域的顶尖生物医药项目，进一步推动集群生物医药产业向纵深高质量发展。

案例2-3　强化政产学研协同创新，提升企业自主创新硬实力
——贵阳区块链与大数据创新型产业集群

贵阳高新区按照集群规划要求，紧扣高质量发展要求，抢抓获批建设"国家大数据综合试验区"的机遇，发挥贵阳高新区在人才、技术、科技等领域的资源聚集优势，突出区块链与大数据的战略地位，以大数据为示范引领，大力培育大数据企业，全力推进区块链与大数据商用、政用、民用创新，促进产业集群创新发展。

加强创新资源要素整合，持续提升企业自主创新能力。加快重点实验室、工程技术研究中心、企业技术中心等各类研发机构及平台的建设，促进区块链与大数据技术创新，企业自主创新能力持续增强。新增贵阳朗玛信息技术股份有限公司国家级企业技术中心1家国家级研发机构，贵州省建筑信息模型（BIM）工程技术研究中心1家省级研发机构，全年新增研发机构（平台）4家，同比增长12.9%。贵州航天云网科技有限公司获批"国家工业互联网平台模式创新解决方案供应商（网络化协同）""2019年度国家中小企业公共服务示范平台""2019年工业互联网试点示范项目（安全方

向）”“2019 全国智慧企业建设创新实践案例”等 5 项国家级示范和 10 余项省级荣誉。贵州乐诚技术有限公司等 3 家企业获批 2019 年度贵阳市创新型中小企业（占全市入选总数的 50%）。国家大数据工程实验室负责或参与了 3 项国际标准、7 项国家标准、13 项地方标准、2 项团体标准及 8 项企业标准研制等相关工作。集群涌现出区块链技术与应用联合实验室“享链 Baas 云平台”、高登世德 SFM Suite 等自主研发核心技术及产品，培育引进了凡闻科技、团达智慧、快鸽物联等大数据创新型项目。

同时，强化政产学研协同创新，形成创新驱动外引力。加强与清华大学、贵州大学、成都电子科技大学等高效及科研院所的合作，着力创新平台建设、人才培养、成果转移转化及科技资源开放共享等方面合作，推动国内外各类创新资源的聚集、聚焦、聚合、聚变，构建以大学科研成果为核心、以企业技术创新需求为导向的产学研协同创新体系。加快人工智能开放创新平台建设，引进培育科大国创、国致科技、重庆清文等人工智能企业，集聚人工智能产业高端人才，促进产学研用结合，推动人工智能在工业、医疗、交通、农业、金融、物流、教育、文化、旅游等领域的集成应用，打造中国人工智能生态圈和产业聚集地。推动清华—贵州大数据研究生实践教育基地数据开放实验室建设，谋划从大数据软件开发云平台、大数据存储及分析平台、开放数据清洗加工平台三方面推进实验室建设，为基地学生成果运用及学习项目实验数据提供重要支撑。大力推进校企合作，促成清华大学与高新区企业开展“食品安全网络舆情大数据关键技术研发与应用”等 12 个项目合作，共同推动产学研协同创新。

下一步，贵阳高新区进一步加大区块链与大数据产业集群建设力度，以大数据国际软件产业园为核心载体，持续深入推动互联网、大数据、区块链、人工智能等新一代信息技术和实体经济深度融合，引导创新资源集聚，促进科技创新与产业发展融合互动，进一步强化政产学研协同创新，增强主体技术创新硬实力，支持产业集群创新发展。

案例 2－4　提升产业创新能力，全力建设生命科学城
——济南高新区生物制品创新型产业集群

济南高新区生物制品产业集群作为济南市十大千亿级产业集群——生物医药产业发展的主要承载区，依托国家综合性新药研发技术大平台、国家创新药物孵化基地，重点围绕“生物医药、医疗装备、中医中药、医美健康”四大产业领域，发挥自贸区与科创走廊政策叠加优势，通过引进国际创新资源，强化创新要素供给，完善产业生态，构建具有国际竞争力和区域带动力的生物医药产业体系，以生态赋能推动技术提升和产业发展，不断提升产业创新能力，全力建设生命科学城，打造生物医药领域的全球高地。

济南高新区坚持把提升医药研发能力作为产业培育的突出环节，全面组织实施大生命科学工程，建设大生命科学研究院，围绕人类生物样本存储、大型仪器设备共享、药物筛选、分析检测等打造研发平台，建设抗肿瘤药物、医美抗衰、干细胞与再生医学、中医中药、特医食品等专业研发楼，以集聚效应形成研发竞争力。目前，建有生物医药领域国家级平台实验室 14 个，包括国家重大新药创制平台、国家级创新药物孵化基地 2 个国家重大专项，国家工程研究中心 2 个，国家企业技术中心 2 个，国家科技企业孵化器 4 个，国家众创空间 4 个；以及省部级平台实验室 67 个。

为抢占上游研发高地，济南高新区聚集了齐鲁制药、盛迪医药（江苏恒瑞）、轩竹医药、创新药物、亨利医药、康和医药、百诺医药等一批医药研发代表性企业。截至 2018 年底，已申报 1 类创新药 IND（新药临床批件申请）93 个，其中 25 个已获得临床批件。在 2018 年山东省新药企业申报数量前十名中，济南高新区占山东省总量的 52.5%；山东省 1 类创新药申报数量前十名中，济南高新区占山东总量的 54.8%。

同时，深化产学研合作，推动顶尖人才与高科技成果落地。目前，济南市拥有高校 52 所，其中医学类高校 17 所，国家级重点学科和临床重点学科 28 个，药物临床试验基地 30 个；拥有 35 家三级医院、7344 处医疗机构，3.5 万名执业医师和 4 万余名医

药研发人才。济南高新区依托优势资源，为产业发展提供了源源不断的研发支撑，聚集了一大批国际顶尖人才和高端科技企业。全球癌症精准医疗领域的先驱戈登·米尔斯教授在这里设立了国内第一个Mills癌症个体化治疗中心；比利时皇家医学科学院院士皮特·赫德维恩国际合成生物技术研发项目落户；美国科学院朱健康院士的植物基因编辑项目正式成立；加拿大皇家科学院院士、加拿大国家卫生科学院院士维克多·林治疗肝病及胃肠病新药项目落户；美国工程院院士约翰·戈尔量子极化仪项目落地，项目技术填补国内空白；哈佛大学吴训伟团队创办磐升生物，拥有全球第一个培养皮肤再生技术、全球首个利用细胞再生出具有功能的器官组织的产业化平台。通过聚集国内外顶尖人才团队，打造尖端人才与高科技成果的集聚高地，生物医药产业新旧动能转换全面起势。

此外，还布局海外生物医药创新中心，完成5000平方米的美国萨克拉门托创新中心，长岛石溪大学3000平方米的中美计算医学创新中心，芬兰赫尔辛基、以色列特拉维夫、德国汉诺威等15个国家（地区）海外布局。通过海外创新中心的建设与布局，嫁接海外知名大学与科研机构合作，利用国际孵化器、国际创新中心、海外合作机构资源优势，集聚海外创新资源，通过精准对接，引进国际生物医药人才、成果落地，带动生物医药产业转型升级，增强企业核心竞争优势，提高企业创新能力。

案例2－5 抢占全球小核酸生物医药产业制高点

——昆山小核酸创新型产业集群

创新引领和产业化发展是昆山小核酸产业集群发展的两条并行主线。昆山小核酸创新型产业集群始终坚持小核酸创新方向，以昆山高新区小核酸产业基地为载体，以产业化为目标，构建依托科研和教育的知识创新系统、以企业为主体的技术创新系统，创造性地构架了具有昆山特色的生物医药产业区域创新系统，初步完成了小核酸产业的创新体系和产业技术体系建设，走出了一条“可持续、高品质”的发展道路，抢占全球小核酸生物医药产业制高点，成为国际小核酸产业的“硅谷”。

昆山小核酸产业集群准确地把握了小核酸技术这一生物医药产业的重要发展方向，以平台建设为抓手，搭建“政产学研介”工作体系，支持高层次产学研合作发展，形成小核酸产业知识、技术和服务创新高地。集群试点以来，集群与全国3个国家重点实验、2个省级小核酸工程技术中心、3个省级双创团队、1个省级小核酸特色产业基地以及1个重大专项小核酸制药孵化基地建立合作，与中国科学院、北京大学、南开大学、南京大学等一流高校团队建立合作，建设（筹建）张礼和院士、陈新滋院士、陈润生院士、席真教授、梁子才教授、张辰宇教授、王均教授、赵屹研究院等PI实验室12个，集聚“知识创新成果”，支持“技术创新”转化，形成专业服务能力，推进产业创新发展。

同时，集群坚持自主创新，布局产业技术创新关键节点，建立了完整的小核酸（核酸药物）研发系统，建立了小核酸关键技术研究体系，在小核酸高通量筛选技术、小核酸液相大规模制备技术、小核酸稳定性研究、小核酸品种研究等主导产品核心研发能力和水平上都处于全球领先地位。在小核酸临床前GLP研究、小核酸药物临床研究技术方面与国际先进水平接近，通过各种方式的合作，处于国际领先水平。目前，昆山高新区小核酸产业集群及合作单位已经承担了约50%的小核酸国家重大科技项目和多个国家及省部级科技创新课题；集合了中国小核酸产业中最优秀的人才和企业，占据了国内小核酸产业申报专利数量的50%以上。同时，集群建立了亚洲最大的小核酸药物品种线，实现了多个零的突破。其中，瑞博生物引进的QPI－1007针对伴随非动脉炎性前部缺血性视神经病变（NAION）已进入Ⅲ期临床试验，是我国第一个获得临床试验批准的小核酸药物，目前已完成我国首例临床给药；QPI－1007治疗青光眼已在越南进入Ⅱ期临床；2019年，瑞博生物完成Ⅱ型糖尿病核酸药物中国Ⅱ期临床试验首例患者入组；2020年，瑞博生物自主研发的具有完全知识产权的抗乙肝小核酸一类新药完成申报。同时，治疗闭合性青光眼、乙肝、肝癌、脂肪肝、类风湿性关节炎、肺癌、高血脂等疾病的小核酸药物都在开发的各个阶段。

此外，集群依托技术、品种和企业发展，不断探索以自主创新为基础的国际化发展道路，集群国际化创新能力不断提高，并已经成为全球小核酸产业网络的重要节点。目前，集群已与全球主要小核酸产业先进企业开展全方位合作。例如，与Quark制药公司结为战略合作伙伴，与 Thermo Fisher 达成小核酸递送专利转让协议，获得该专利技术在中国进行药物研发和生产的独家许可权利；2017 年 4 月与 Ionis 制药公司签署合作与许可协议，推动 Ionis 三个分别用于治疗代谢疾病和癌症的反义核酸药物品种在中国产业化；并获得使用 Ionis 的技术平台进行研究和新药开发的权利；彭济凯丰构建小核酸药库并筛选一批原创性治疗糖尿病和癌症的潜在候选药物，目前已有一个潜在 1.1 类小核酸新药。并且，苏州瑞博代表江苏省小核酸产业技术创新联盟和以色列小核酸创新联盟达成合作，开启中以产业联盟合作的先河；昆山通过项目间的合作，和美国、德国、瑞典、以色列等国家形成了合作通道。

通过国际一流的自主创新，推动一流水平的国际合作；而高层次国际合作也将提高昆山小核酸及生物医药产业的发展水平。目前，集群正在布局主动对接融入全球创新体系，抓住“一带一路”机遇，发挥海峡两岸示范区和中德生物医药产业示范区优势，深入与美国、以色列、德国、澳大利亚等国家及与硅谷、杜克、卡罗林斯卡等区域和机构合作，打造跨境通道，坚持“引进来”和“走出去”并重，引进国际一流创新品种、技术、项目及产业资源，借力全球创新能力实现高端发展。

案例 2－6　实施“数控一代”创新示范工程，提升集群内生发展能力

——闽东中小电机创新型产业集群

电机电器产业是福建省福安市的重点支柱产业，也是福建省宁德市的支柱产业之一。闽东中小电机创新型产业集群加快推动“两化”融合，积极实施“数控一代”创新示范工程，支持企业技改提升，开展重大产业技术、标准、装备和产品的研发攻关，推动电机电器产业创新发展，提升集群内生发展能力和辐射带动能力。

近年来，闽东中小电机产业集群积极支持企业创新发展，不断增强自主研发创新能力。以福建福安闽东亚南电机有限公司、福安市闽东安波电机有限公司、三禾电器（福建）有限公司、福建万达电机有限公司、福建华大电机有限公司、福建大成电机集

团有限公司等企业为示范，开展成套设备及“数字化车间”生产线数字系统改造，促进数控技术和智能装备在工业领域的广泛应用。以福建立松金属工业有限公司、福安市大金龙电机有限公司、福建银象电器有限公司、巨龙电机（宁德）有限公司、福建惠丰电机有限公司、福建怡和电子有限公司、福建荣耀电子有限公司等企业为引领，加快企业“机器换工”步伐，推动电机电器产业应用集机械、电子、控制、计算机、传感器、人工智能等多学科先进技术于一体的工业机器人装备，推广现代化制造模式。以福建福安闽东亚南电机有限公司、福安市闽东安波电器有限公司、福建万达电机有限公司、福安市理想电器有限公司、福建华大电机有限公司等企业为龙头，福建大成电机集团有限公司、福建惠丰电机有限公司、福建微龙电子科技有限公司等企业为重点，加强对伺服电机、步进电机、直线电机及数字控制系统、元配件等智能制造执行器的研发生产，发展提升伺服电机研发生产水平，拓展伺服电机应用领域，对接泉州“数控一代”国家示范工程，围绕纺织、卫浴、石材、鞋类、编织、包装印刷等机械水泵以及数控机床、机器人对伺服电机的需求，进行相关研究、示范和生产，积极开发技术含量高、有自主知识产权的高精度定位控制伺服电机产品。

同时，大力支持企业申报各类科技项目，促进企业技术创新。福建荣耀健身器材有限公司申报的智芯零重力家用豪华按摩椅项目，获得科技部“科技助力经济2020”重点专项立项支持；青拓集团有限公司氮合金化高品质不锈钢产品开发及产业化、福建万达电机有限公司机器人、数控加工中心用高性能伺服电机及控制器的研发及产业化等项目获得福建省科技重大专项立项支持；福建青拓镍业有限公司、福建青拓特钢技术研究有限公司联合中国科学院金属研究所和中国科学院福建物质结构研究所申报的稀土在耐热不锈钢中的应用技术研发及产业化项目、闽东圣源机电有限公司联合中科院福建物质结构研究所和福州市福塑科学技术研究所有限公司申报的碳纤维改性高强度电机风叶材料的研制及产业化项目，获得福建省科技厅STS项目立项支持；福建省福安市力德泵业有限公司一种高速耐高温泵、安特洛（福安市）电机有限公司新型高效自吸泵等一大批项目，获得福建省创新资金立项支持。通过项目实施，进一步提高企业研发热情，有效引导企业加大研发投入，开展技术创新。

此外，集群积极推动产学研合作，不断强化企业创新能力。充分发挥福建省电机电器产业技术创新战略联盟、电机电器产业公共服务协同创新平台的优势，积极为企业与高院、科研院所合作牵线搭桥，产学研合作不断深入。集群内福建青拓镍业有限公司、福建青拓特钢技术研究有限公司与中国科学院沈阳金属研究所、中国科学院海西研究院厦门稀土材料研究所合作，开展“稀土在耐热不锈钢中的应用技术研发及产业化”项目研究；福建万达电机有限公司与华中科技大学合作，联合开展“机器人、数控加工中心用高性能伺服电机及控制器的研发及产业化”项目研究；三禾电器（福建）有限公司与北京航空航天大学机械工程及自动化学院合作联合开展“高性能伺服电机及其控制系统技术难题”研究；福建荣耀健身器材有限公司与台湾动心医电股份有限公司、福州大学健康医疗器械国际科技合作基地合作，进行“睡眠呼吸障碍监测及辅助调节系统研制”智能产品开发；福安市海博工贸有限公司与中国科学院福建物质结构研究所合作，开展耐油酯耐低温 ABS 合金的开发与产业化研究；福建德普柯发电设备有限公司与中国科学院泉州装备制造研究所合作，开展超静音柴油发电机组的研发与产业化应用研究。通过产学研合作，有效提升产业技术创新能力，加快产业转型升级。

案例 2－7　强化企业创新主体作用，深挖科技创新潜力
——青岛机器人创新型产业集群

青岛高新区以打造中国北方最大的机器人产业基地为目标，大力实施创新驱动战略，紧紧围绕高端装备制造主导产业集群建设，以机器人产业建链补链为抓手，以营造一流产业创新发展生态环境为重点，加快推动产业创新体系建设，迅速集聚一批关联度大、产业链长、具有核心竞争力的机器人研发及产业项目，建设涵盖集成机器人、原材料与基础件、工业软件、嵌入式芯片和集成配套件等在内完整的机器人产业链，初步形成具有国际竞争力的创新型产业集群。

近年来，青岛高新区围绕青岛机器人产业集群建设，强化企业创新主体作用，深挖科技创新潜力，加大对机器人重点领域的研发力度，企业自主创新成果不断涌现。

同时，依托工业机器人及相关智能制造企业，打造了一批国家、省、市级创新中心、技术中心、工程研究中心、公共实训基地等重点创新平台。此外，推动集群内企业与中国科学院自动化研究所、中国科学院软件研究所、快速制造国家工程研究中心、山东省智慧机器人研究所、山东科技大学机器人研究中心等展开合作，持续开展机器人关键技术攻关。

数据显示，截至2020年6月，青岛高新区高端装备制造相关企业参与制定国家和行业标准11项，拥有有效发明专利达到600余项，软著1000余项，拥有重点实验室、技术中心等省部级创新平台12个。

具体来看，科捷机器人获批山东省机器人创新中心、山东省机器人与精密制造工程技术研究中心，拥有国内首创、国际先进的“橡胶轮胎智能分拣系统”“全钢重载轮胎龙门机器人分拣码垛系统”“高强钢热成形自动化生产线”，获得国家专利50余项；宝佳自动化是国内一流的饲料行业生产设备整体解决方案提供商，占国内饲料行业机器人码垛应用70%以上的市场份额，拥有国家级企业技术中心、国家级技术创新示范企业、全国首批智能制造系统解决方案供应商、全国首批机器人行业规范企业、全国智能制造工业机器人试点示范项目等10余项国家、省市级资质；科捷智能装备专注于物流系统集成、工业机器人及自动化物流设备，其研发的“高速交叉带分拣系统”“双层交叉带分拣系统”通过山东省首台（套）评定；通产智能以智能安保服务机器人和智慧政务等自助设备主要产品研发为主，已在“新三板”挂牌，是国内首款获得公安部检测认定的智能安保机器人试点应用，智能户政类自助设备系统已应用于全国30个省市；软控股份致力于橡胶智能装备、应用软件的研发与创新，其参与起草的轮胎用RFID电子标签四项国际标准是中国轮胎行业第一批在ISO立项并发布的国际标准；慧拓智能“愚公YUGONG”无人矿山整体解决方案是国内首个也是目前国内唯一自主研发的智慧矿山无人化整体解决方案，同时完成过亿元A2轮融资，是矿区无人化运输领域迄今最大金额的单轮融资；2020年新冠肺炎疫情期间，悟牛智能研发改装的无人驾驶消毒机器人应用到疫情防控一线，是青岛唯一一家进入隔离区部署和调试设备的企业，同时其研发生产的无人驾驶智能农机在山东理工大学生态无人农场交付商用，是国内首个落地商用的无人驾驶智能农机项目。

案例2-8 产业发展与科技创新同频共振
——清远高性能结构材料创新型产业集群

清远高性能结构材料创新型产业集群建设以清远高新区为核心集聚区，辐射清远全市，积极适应新常态，抢抓新机遇，将发展新材料产业作为打造工业强基工程的重要抓手，以新型高性能合金材料及应用、稀散金属材料及应用、新型高分子材料及应用为主要方向，以产业发展和科技创新为主线，在创新能力提升、创新服务体系建设、创新平台搭建、推进产学研合作深度融合等方面发力，构建了包括研发、设计、生产和应用的产业体系，集群内产品链、产业链不断延伸，技术集成度、产业集中度进一步提高，推动清远高性能结构材料创新型产业集群产业高质量发展，先后获批国家火炬高性能结构材料特色产业基地、国家高性能金属材料高新技术产业化基地。

近年来，清远高性能结构材料创新型产业集群积极支持企业加大研发投入，聚焦科技创新，形成了一批重大科研成果，如先导稀材掌握了稀散金属全产业链的核心关键共性技术并拥有自主知识产权；豪美新材依托自主掌握的合金开发、熔铸技术、挤压技术及深加工技术，研发出全国首台纯电动全铝车架；佳纳能源在络合技术方面打破了国外技术壁垒，并依托多级串联协同络合萃取提纯技术、固体产品的结晶控制工程化技术等，建成了多套千吨级、万吨级生产装置。2019年，集群内企业科技活动费用支出5.7亿元，同比增长27.13%，科技成果转化19件，新产品总产值达58.6亿元。同时，积极引导组织集群内企业申报广东省重点领域研发计划重点专项、清远市高质量专利培育等项目，并整合企业、高校、科研院所资源，组织实施关键核心技术攻关，有力促进了集群创新发展，集群自主创新能力也得到进一步增强。2019年，集群内企业共申报专利462件，其中发明专利105件；专利授权量为98件，其中发明专利授权35件；制定国家标准4件；制定行业标准9件；认定为国家知识产权示范企业1家，认定为国家知识产权优势企业4家。

同时，集群依托天安智谷科技产业园，搭建了清远高新区科技创新综合服务平台。

作为增强集群自主创新能力的重要载体，清远高新区科技创新综合服务平台为企业特别是中小企业与政府机关、科研机构、教育机构、金融机构等之间架起桥梁，并积极整合社会科技资源，为企业提供科技信息、科技咨询、科技成果转化、科技创业、人才培训等服务，增强企业的科技创新能力和市场竞争能力，促进科技与经济紧密结合。据了解，该平台采用“集中开发，统一平台，功能集中，数据集中”的开发思路，构建一个集多种服务与管理为一体的统一平台，实现业务和管理功能的统一，搭建了科技信息共享平台、再生金属检测平台、产学研究技术创新平台、知识产权服务平台、物流服务平台、基因检测服务平台、电子商务平台、科技金属服务平台、综合服务平台九个子平台。截至2020年6月，该平台处于第一期开发阶段，完成了包括科技信息共享平台、再生金属检测平台、产学研究技术创新平台和清远高新区综合服务平台在内的搭建。

此外，集群持续抓好企业研发平台建设工作。推动地方与高校合作，引导和支持规模以上企业对接中山大学、华南师范大学、华南理工大学等高校、科研院所，与高校、科研院所共建工程研究中心、企业技术中心、博士后工作站等创新平台，推动产学研深度融合、促进科技成果转化，如广东先导稀材股份有限公司组建的“国家稀散金属工程技术研究中心”、广东豪美铝业股份有限公司建设的“国家级企业技术中心”、广东金发科技有限公司建设的“塑料改性与加工国家工程实验室”等一批国家级研发平台。截至2020年6月，集群内拥有国家工程技术研究中心1家、国家企业技术中心4家、广东省院士专家（企业）工作站2家、博士后科研工作站7家、博士工作站6家、广东省级工程技术中心35家、广东省重点实验室2家、新型研发机构4家。并且，还组建了3个新材料产业技术创新联盟，先后与中国科学院、清华大学、中南大学等签订产学研合作框架协议，吸引了全国40多所高校、科研院所的120多名科技特派员进驻70多家企业，提升了集群内企业科研创新能力。

案例2－9　集聚创新企业，打造自主创新高地
——苏州高新区医疗器械创新型产业集群

苏州高新区以医疗器械创新型产业集群建设为契机，集聚创新企业，推进政产学研医结合，重点突破可靠性设计与评价、生物学效应评价、医疗器械临床评价等关键核心共性技术，积极推进人工智能、物联网技术等与医疗器械产业融合发展，不断提高产业创新能力，大幅提升医疗器械产业核心竞争力，初步形成了以医学影像、体外诊断试剂和仪器、生物医学材料和植介入器材、诊疗设备为特色的产业集群，打造医疗器械、生物医药领域关键技术、核心部件和重大产品的自主创新型高地、应用示范基地和创新引领发展示范区。

为提高产业创新能力，近年来苏州高新区大力引进创新院所，集群内集聚了中国科学院苏州生物医学工程技术研究所、东南大学苏州医疗器械研究院等一批国内医疗器械产业专业研究机构，提升医疗器械企业自主创新能力和整个产业创新能力。其中，中国科学院苏州生物医学工程技术研究所是中国科学院唯一一家以生物医学仪器、试剂和生物材料为主要研发方向的研究机构。该研究所围绕医用光学技术、医学检验技术、医学影像技术、医用声学技术、医用电子技术和康复工程技术等研究方向，设立了9个研究室。截至2020年6月，已建成中国科学院生物医学检验技术重点实验室、江苏省医用光学重点实验室和9个苏州市高技术研究重点实验室。累计授权专利近1000项，其中发明专利300余项；发表高水平研究论文1400篇；共承担国家、中国科学院及省市各类科技项目、企业委托项目850余项，科研经费总额达9.9亿元。

东南大学苏州医疗器械研究院由苏州高新区、东南大学、江苏省产业技术研究院三方共建，成立了仿生器官与器官芯片、生物医用材料、影像及大数据、IVD及检测技术4个关键技术研发中心及工程转化中心，下设22个专业实验室，成立16家科技型公司。

同时，苏州高新区积极推动产业集群创新平台和企业集聚参与各级各类研发项目，

促进医疗器械产业提档升级。苏州瑞派宁科技有限公司牵头承担的基于 PET - 光学融合的乳腺成像系统研发项目，入选国家重点研发计划“数字诊疗装备研发”试点专项，获得国家 1250 万元的研发支持资金；苏州百源基因技术有限公司参与的常见单基因病及基因组病无创产前筛查及诊断技术平台研发及规范化应用体系建立项目，入选国家重点研发计划“生殖健康及重大出生缺陷防控研究”试点专项，参与的《物流安全快检仪器》项目，入选国家重点研发计划“重大科学仪器设备开发”重点专项，共获得支持资金 600 多万元；硅谷“北美离岸创新创业孵化基地”、中澳“江苏—维州研创中心”、瓦赫宁根苏州环境创新国际协同研究中心、SV1898 跨境新兴技术产业联合共享及孵化实验室等海外医疗器械平台对接合作，积极在欧洲、日本展开布局，加速国际创新资源集聚。

此外，为提升集群内医疗器械相关企业和科研院所科技成果转移转化能力，苏州高新区充分发挥中国科学院苏州生物医学工程技术研究所、东南大学苏州医疗器械研究院、国仟医疗创新研究院、苏州医用机器人创新研究院、省医疗器械产业技术创新中心的技术引领作用，成立高新技术产业转化促进中心，加快技术成果转化。充分发挥科技城医院作为医疗器械临床试验基地的作用，积极推进创新医疗器械产品应用示范“十百千万”工程，完善医疗器械产业创新链，促进创新医疗器械成果的推广应用，截至 2019 年底，集群内企业累计获批省、市科技成果转化项目 80 余个。

中国科学院苏州生物医学工程技术研究所先后完成流式细胞仪、激光共聚焦显微镜等多项医疗仪器产品工程化和转移转化，培育产业化公司 55 家；浙江大学工业技术转化研究院技术转移中心获批国家技术示范转移机构，依托苏州市科技成果转化平台，进一步推动科技成果转化及技术转移工作，吸引好的产业技术落地。苏州恒瑞迦俐生生物医药科技有限公司作为国内唯一拥有自主知识产权生产栓塞微球技术的企业，实现了聚乙烯醇栓塞微球的产业化，获得 3 类医疗器械产品注册证及 FDA 认证，2019 年实现销售收入 1.1 亿元，国内市场占有率达 80%；医达极星医疗科技（苏州）有限公司的“IQQA - Guide 三维影像术中导航系统”产品、苏州天鸿盛捷医疗器械有限公司的“髂静脉支架系统”产品获准进入创新通道特别审批程序。

案例2－10 围绕产业链配置技术链，提升产业创新能力
——重庆电子信息创新型产业集群

重庆高新区将电子信息产业明确为区域优先发展产业，以智能终端、软件及集成电路、智能监控、智能家电为主的新一代信息技术产业为导向，结合重庆市信息化发展规划，确立了以创新和市场为动力，以研发带动生产、引进带动自主研发，围绕产业链来配置技术链为总的发展思路，着力打造重庆电子信息创新型产业集群，着力提升产业创新能力，不断增强企业的根植性，产业规模不断壮大。

为提升产业创新能力，重庆高新区鼓励企业加大创新投入，贯彻落实科技创新券、研发准备金、研发投入增量补助、研发费用加计扣除等国家、市级普惠政策，加强部门联动，全面激发企业创新活力和热情。鼓励企业加大研发投入占比，在各类政策扶持、评优评先中将研发投入占比作为重要的前置条件。重庆高新区出台《关于进一步提升研发经费投入强度实施意见》，对企业发放奖补资金以其年度研发经费投入额为上限。2019年，集群企业科技活动经费总支出达到13.64亿元，占营业收入比例达3.09%，较2017年上涨0.19个百分点；有效知识产权数达4544项，较2017年增加3782项，人均拥有知识产权数达0.13件；当年形成各类行业标准数达37件，较2017年增加31件，企业创新投入及产出逐步增加。

重庆高新区实施创新主体培育行动计划，常态化开展科技型企业入库，规范行使高新技术企业认定评审权限，探索推出高成长性科技企业、高能级领军企业评价标准，建立“科技型企业—高新技术企业—高成长性科技企业—高能级领军企业”阶梯培育机制，构建全生命周期企业培育体系。2019年集群高新技术企业达到165家，占集群企业总数的45%，较2017年增加116家，增长率为236%，创新主体规模进一步加强。

重庆高新区深入实施技术创新工程，引导和鼓励集群企业建立研发平台。引进培育集群企业建立了硅基光电子器件研发中心、博世工业4.0创新技术中心、鲲鹏计算机产业生态重庆中心等一批优质创新研发平台。累计建成重庆石墨烯工程技术研究中

心等市级以上工程技术研究中心、企业技术中心、重点实验室等研发机构95个，较2017年新增55个，集群企业创新能力不断提高。

重庆高新区积极搭建公共服务平台，先后建成EDA公共技术服务平台、FPGA创新中心、国家笔记本电脑质量监督检测中心、赛宝工业技术研究院等多个电子信息产业相关的公共服务平台，为集群企业就近提供研发设计、检验检测、技术咨询等技术服务。同时在全市率先推出科技创新券（渝新券），“渝新券”改财政后补助为前担保，对企业向高校、科研院所、专业服务机构委托研发、购买检验检测等服务提供最高100万元补贴。截至2019年底，累计为1348家企业发放渝新券1.92亿元，有效聚集科技服务资源，分担企业创新成本，降低企业在关键技术研发、器件研制和系统集成的门槛，提高了企业研发效率、缩短相关产品上市周期，推动企业协同发展。

支持组建产业联盟，积极推进产学研合作。推动成立重庆高新区电子信息产业联盟，由台晶电子担任理事长单位，聚集春鸿电子、群祥科技等50余位成员单位，联盟成员共同应对竞争，统筹联动、协调发展；依托重庆大学等高校、科研院所成立重庆市人工智能技术创新战略联盟、重庆市高端制造装备技术创新战略联盟等产业联盟，有效推动集群企业与全市相关产业企业开展交流合作，共同发展。与重庆大学等高校、科研院所合作共建重庆大学产业技术研究院、石墨烯研究院等新型研发机构，在科学研究、技术研发、成果转化、企业孵化、人才培养等方面构建合作关系；与重庆科技学院等专业技术较强的学院签订战略合作关系，为企业注入新鲜血液，逐渐形成一个以企业为主体，以学研为依托，以市场为导向，以推动科技成果转化为突破口，以形成创新机制为主线，以提高经济效益为目标的产学研创新园区。

第二节　创新生态

创新集群建设的国际实践表明，创新生态的繁荣度是集群实现可持续性内生增长的关键因素，是产业创新持续发生的宝贵土壤。有利于产业创新的创新生态是多元、开放、融合、共生的有机统一体，或可比喻为“热带雨林”。在这样一个热带雨林式的创新生态中，不同形态的资源、技术、平台、市场、服务等创新要素富集，并且创新要素流动顺畅、配置优化，不同规模的企业紧密协作，创新创业活动频繁，不断有创新设想涌现；不断有创新企业诞生；不断有创新产品与服务层出不穷，从而收获生生不息的产业创新成果。

产业创新的主体是企业，但创新生态的营造则更多依赖于公共政策，特别是在集群建设的早期。因此，各创新型产业集群都将营造一流创新生态作为重要工作抓手，依托已有的产业基础、资源条件、服务水平、平台载体等优势，政府、产业、企业协同发力，不断集聚高端创新资源，不断深化创新资源的高效协同，逐步形成各具特色的创新活力和内生动力迸发的创新生态。如中关村移动互联网产业集群搭建国家级孵化器、硬科技孵化平台、众创空间等创业孵化机构，并配套一系列技术交易机构、知识产权服务机构、产业联盟、行业协会等组织，构建较为全面的产业协同创新体系；合肥基于信息技术的公共安全创新型产业集群打造“合创汇”互联网+创业创新服务平台，提高创新创业服务能力，打造“安全谷”；石家庄药用辅料与制剂创新型产业集群侧重完善营商环境，营建适宜创新、加速崛起的创新生态系统，强力促进生物医药产业转型升级发展；海西盐湖化工特色循环经济创新型产业集群根据柴达木盐湖资源禀赋和开发现状，以镁资源利用为突破口，构建以钾、钠、镁、锂、硼、溴等资源梯级开发和以配套平衡氯气、氯化氢气体为辅的盐湖资源综合开发产业体系，等等。

根据科技部火炬中心创新型产业集群统计，可以从国家级孵化器、在孵企业、研发机构、创新服务机构、产业联盟组织、金融服务机构的数量，展现出创新型产业集群在创新生态方面的总体情况。

一、国家级孵化器数

截至2019年底，创新型产业集群共有国家级科技企业孵化器297家。其中，高端装备制造创新型产业集群科技企业孵化器数量最多，达到80家；相关服务业创新型产业集群科技企业孵化器最少，仅有3家（见表2－9）。东部地区科技企业孵化器较多，为166家；东北地区科技企业孵化器较少，仅为30家，如表2－10所示。

表 2 – 9　不同产业国家级科技企业孵化器数量

集群产业	国家级科技企业孵化器（家）
新一代信息技术	68
高端装备制造	80
新材料	27
生物	64
新能源汽车	24
新能源	17
节能环保	8
数字创意	6
相关服务业	3
总　计	297

表 2 – 10　不同区域国家级科技企业孵化器数量

集群区域	国家级科技企业孵化器（家）
东部地区	166
中部地区	47
西部地区	54
东北地区	30
总　计	297

2017 ~ 2019 年，创新型产业集群国家级孵化器数量总体保持稳定，2019 年有加速发展趋势，如图 2 – 5 所示。

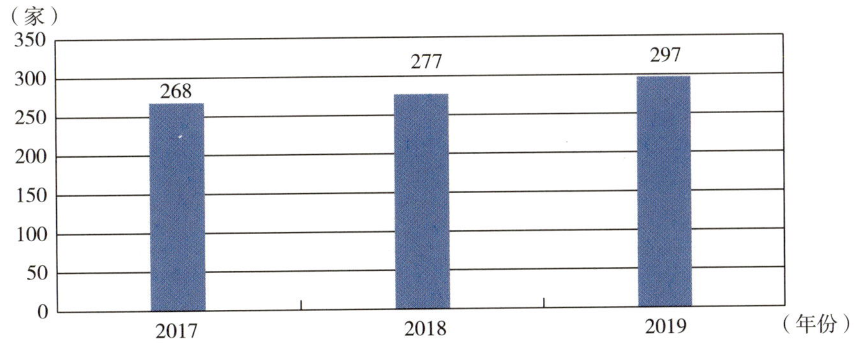

图 2 – 5　2017 ~ 2019 年集群国家级科技企业孵化器数量

二、在孵企业数

截至2019年底，创新型产业集群共有在孵企业6967家。其中，新一代信息技术和生物创新型产业集群在孵企业较多，均超过1800家；节能环保创新型产业集群在孵企业最少，仅有193家（见表2－11）。东部地区在孵企业数较高，为4092家；西部地区在孵企业数较低，为780家，如表2－12所示。

表2－11 不同产业集群在孵企业数

集群产业	在孵企业数（家）
新一代信息技术	1828
高端装备制造	1119
新材料	603
生物	1814
新能源汽车	441
新能源	409
节能环保	193
数字创意	310
相关服务业	250
总 计	6967

表2－12 不同区域集群在孵企业数

集群区域	在孵企业数（家）
东部地区	4092
中部地区	1193
西部地区	780
东北地区	902
总 计	6967

2017～2019年，集群在孵企业数保持稳定，整体略有加速趋势，如图2－6所示。

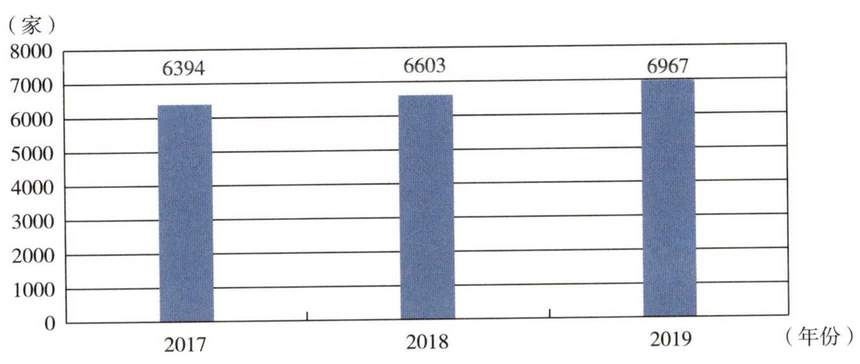

图 2－6　2017～2019 年集群在孵企业数

三、研发机构数

截至 2019 年底，创新型产业集群共有研发机构 5360 家，包括研究院所 473 家，省级以上重点实验室 319 家，企业技术中心 1966 家，新兴产业技术研发机构 279 家，博士后科研工作站 416 家，各类大学 281 家，国家工程研究中心 114 家，省级及以上工程技术研究中心 990 家，国家工程实验室 71 家，外资研发机构 177 家，院士工作站 274 家。其中，新一代信息技术创新型产业集群研发机构最多，为 1555 家；相关服务业创新型产业集群研发机构最少，为 40 家（见表 2－13）。东部地区研发机构较多，为 2925 家；东北地区研发机构较少，为 573 家，如表 2－14 所示。

表 2－13　不同产业集群研发机构数

集群产业	研发机构（家）
新一代信息技术	1555
高端装备制造	1353
新材料	530
生物	1025
新能源汽车	453
新能源	240
节能环保	99

续表

集群产业	研发机构（家）
数字创意	65
相关服务业	40
总　计	5360

表 2－14　不同区域集群研发机构数

集群区域	研发机构（家）
东部地区	2925
中部地区	839
西部地区	1023
东北地区	573
总　计	5360

2017～2019 年，集群研发机构数保持稳定，增势有所加速，如图 2－7 所示。

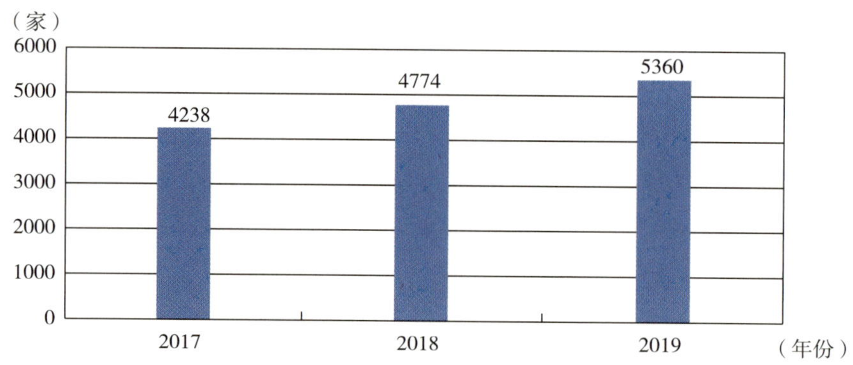

图 2－7　2017～2019 年集群研发机构数

四、创新服务机构数

截至 2019 年底，创新型产业集群共有创新服务机构 1634 家。包括科技企业孵化器 865 家（其中国家级科技企业孵化器 297 家），生产力促进中心 125 家（其中国家级示范生产力促进中心 45 家），技术转移机构 335 家（其中国家技术转移示范机构 105 家），产品检验检测机构 309 家（其中具有国家级资质产品检验检测机构 145 家）。其中，高端装备制造创新型产业集群创新服务机构最多，超过 370 家；节能环保创新型产业集群创新服务机构最少，为 30 家（见表 2－15）。东部地区创新服务机构较多，为 825 家；东北地区创新服务机构较少，为 171 家，如表 2－16 所示。

表 2－15　不同产业集群创新服务机构数

集群产业	创新服务机构（家）
新一代信息技术	350
高端装备制造	372
新材料	144
生物	361
新能源汽车	159
新能源	92
节能环保	30
数字创意	90
相关服务业	36
总　计	1634

表 2－16　不同区域集群创新服务机构数

集群区域	创新服务机构（家）
东部地区	825
中部地区	279
西部地区	359
东北地区	171
总　计	1634

2017～2019 年，集群创新服务机构数保持稳定，但增速略有下降，如图 2－8 所示。

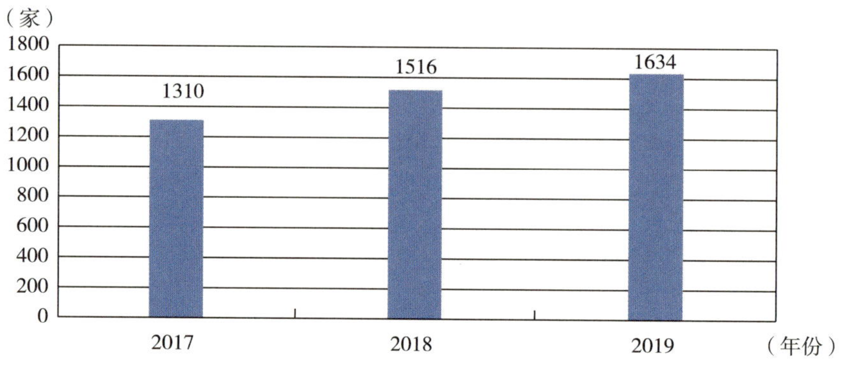

图 2－8　2017～2019 年集群创新服务机构数

五、产业联盟组织数

截至 2019 年底，创新型产业集群共有产业联盟组织 294 家。其中，新一代信息技术创新型产业集群产业联盟组织最多，为 77 家；数字创意创新型产业集群产业联盟组织最少，为 7 家（见表 2－17）。东部地区产业联盟组织数较高，为 140 家；中部地区和东北地区产业联盟组织数较低，分别为 46 家和 48 家，如表 2－18 所示。

表 2－17　不同产业集群产业联盟组织数

集群产业	产业联盟组织（家）
新一代信息技术	77
高端装备制造	71
新材料	27
生物	64
新能源汽车	19
新能源	8
节能环保	10
数字创意	7
相关服务业	11
总　计	294

表 2-18 不同区域产业联盟组织数

集群区域	产业联盟组织（家）
东部地区	140
中部地区	46
西部地区	60
东北地区	48
总 计	294

2017～2019 年，集群产业联盟组织数基本保持稳定，如图 2-9 所示。

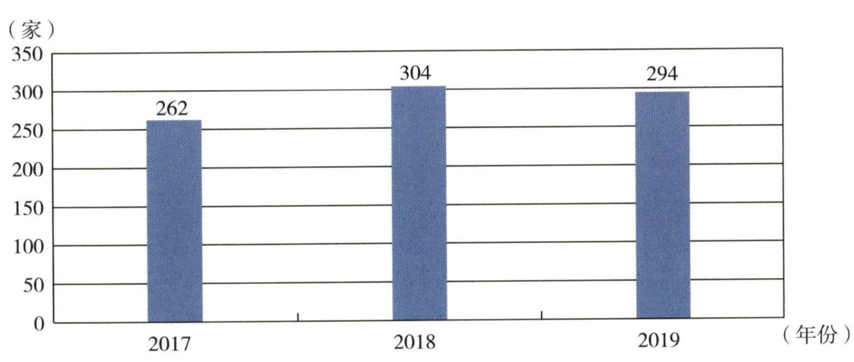

图 2-9 2017～2019 年集群产业联盟组织数

六、金融服务机构数

截至 2019 年底，创新型产业集群共有金融服务机构 2196 家，包括创业风险投资机构 975 家，担保公司 354 家，小额贷款公司 302 家，科技金融服务机构 565 家。其中，新一代信息技术创新型产业集群金融服务机构最多，达 637 家，高端装备制造与生物创新型产业集群金融服务机构也较多，均在 500 家左右；节能环保创新型产业集群金融服务机构最少，为 23 家（见表 2-19）。东部地区金融服务机构较多，为 1193 家；东北地区金融服务机构较少，为 247 家，如表 2-20 所示。

2017～2019 年，集群金融服务机构数量基本保持稳定，呈小幅上升态势，如图 2-10 所示。

表 2－19　不同产业集群金融服务机构数

集群产业	金融服务机构（家）
新一代信息技术	637
高端装备制造	480
新材料	149
生物	567
新能源汽车	114
新能源	114
节能环保	23
数字创意	78
相关服务业	34
总　计	2196

表 2－20　不同区域集群金融服务机构数

集群区域	金融服务机构（家）
东部地区	1193
中部地区	309
西部地区	447
东北地区	247
总　计	2196

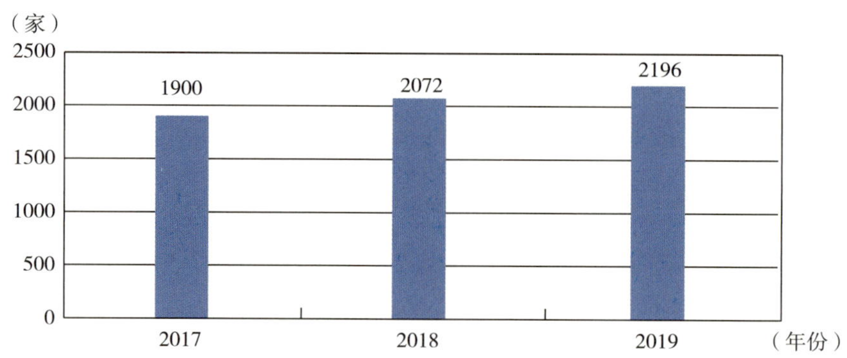

图 2－10　2017～2019 年集群金融服务机构数

七、当年获得的风险投资额

2019年，创新型产业集群共获得风险投资额634.0亿元，但不同产业与地域间差异很大。其中，新一代信息技术创新型产业集群获得风险投资额最多，达到509.4亿元，占总额的80%；节能环保创新型产业集群获得风险投资额最少，仅为0.9亿元（见表2-21）。东部地区获得风险投资额较高，为545.2亿元，占总额超过85%；东北地区获得风险投资额较低，为4.5亿元，如表2-22所示。

表2-21 不同产业集群2019年获得的风险投资额

集群产业	2019年获得的风险投资额（亿元）
新一代信息技术	509.4
高端装备制造	21.3
新材料	23.9
生物	47.6
新能源汽车	7.9
新能源	3.9
节能环保	0.9
数字创意	6.7
相关服务业	12.3
总　计	634.0

表2-22 不同区域集群2019年获得的风险投资额

集群区域	2019年获得的风险投资额（亿元）
东部地区	545.2
中部地区	72.9
西部地区	11.4
东北地区	4.5
总　计	634.0

2017~2019年，集群当年获得的风险投资额加速发展，复合增长率达到73%，如

图 2－11 所示。

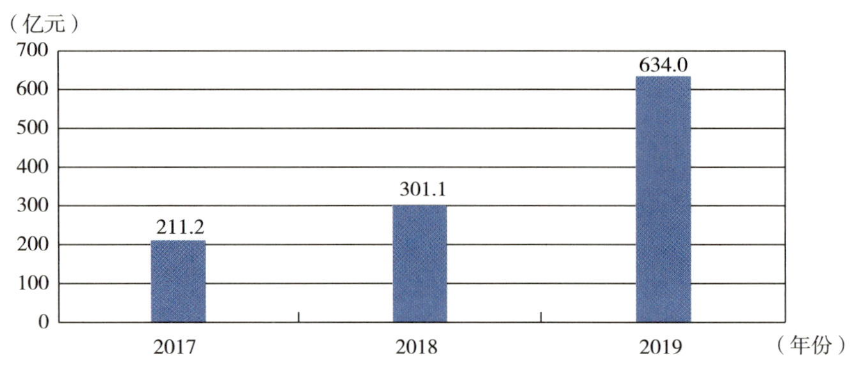

图 2－11　2017～2019 年集群当年获得风险投资额

案例 2－11　完善创新服务体系，优化集群发展环境
——东湖地球空间信息及应用服务创新型产业集群

武汉东湖高新区先后出台“创新创业创造十条”、“互联网＋”新十条、“科技金融新十条”等创新政策，在“光谷青桐汇”“东湖创客汇”“楚才回家”等双创品牌的引导和带动下，不断完善创新服务体系，优化集群发展环境，推动创新型产业集群建设，集群规模不断扩大，成为国内领先的地球空间信息及应用服务创新型产业集聚地，对湖北省数字经济高质量发展起到重要的推动作用。

在企业研发平台建设方面，集群获批省级以上技术创新平台 43 个，其中国家、省部级重点实验室 19 个，国家和部级工程技术研究中心 7 个，产业技术研究院 3 个，在导航与定位、地理空间信息技术两大领域处于国际先进水平，充分发挥这些机构作为集群技术成果聚集地和扩散源的中间载体作用，促进技术、成果和人才的有效集聚和转移，为产业发展提供技术服务和行业支撑。

在创新创业支持方面，东湖高新区被纳入全国首批双创示范基地，大力实施光谷“青桐计划”，形成铺天盖地的创业局面，推进“青桐三部曲”（青桐计划、青桐汇、青桐学院），打造青年创业“梦工厂”；积极打造北斗专业化众创空间，将集群的专业化创业创新服务体系进一步向前端延伸；推动实施股权激励试点，设立5亿元股权代持基金，已为武大吉奥、烽火科技等企业提供资金支持，激发企业人才创新创业积极性。

在产业技术创新战略联盟建设方面，充分发挥产业联盟资源整合作用，支持高校院所、服务机构、企业等行业相关单位协作互助，抱团发展，目前拥有空间信息智能服务和地理信息系统2家国家级联盟，以及湖北省北斗产业联盟1家省级联盟。

在产业发展载体建设方面，优化集群空间布局，以武大科技园、光谷软件园、武汉留学生创业园为核心载体，进行国家地球空间信息产业化基地建设，基地内基本建成创业苗圃、孵化器、加速器相结合的地球空间信息及应用服务企业孵化成长服务体系，东科创星、梦想集装箱、青桐园创业咖啡、慧谷空间等众创空间先后被认定为国家级众创空间，与国家网络安全学院、测绘遥感信息工程国家重点实验室、国家卫星定位系统工程技术研究中心、中国船舶重工集团公司武汉软件测评中心等单位合作，“取长补短”，提升基地产业服务水平。重点建设光谷未来科技城地球空间信息产业基地，基地总体规划占地150000平方米，总投资约19亿元，规划建筑面积42万平方米，项目建成后将作为东湖高新区地球空间信息及应用服务创新集群新的产业集聚区。目前，项目首期约15万平方米加速器已经建成投入使用，引进了北京一铭软件、武汉通联、武汉四维航遥、大洋义天、蜂巢等46家行业领军企业。

在推进产业集群标准体系建设方面，抢占行业制高点，在国家级空间信息智能服务产业联盟下与湖北省标准化研究院合作组建空间信息标准联盟，建设产业标准体系，抢占行业制高点，帮助集群单位发布北斗高精度定位车载终端技术要求和测试方法、全波形三维激光扫描仪性能要求及测试方法、智慧社区综合应用平台通用技术要求等15项地方标准，并积极申报国家标准，以进一步掌握行业话语权。此外，光谷还出台了导航、光通信两大产业专利实施和保护规划，完善专利申请快速通道，国家知识产权保护中心已全面开展业务。

在探索成果转化新机制方面，为促进地球空间信息领域产学研有效对接和技术成果转移转化，武汉市政府与武汉大学、中国地质大学（武汉）等高校共同发起成立导航与位置服务、地质资源环境2家工业技术研究院，按照“市场化运作、企业化管理、专业化服务”的运行机制，打造包含集技术研发、科研服务、企业孵化等功能于一体的协同创新平台，取得良好成效。如武汉导航与位置服务工业技术研究院累计完成武汉大学科技成果转化项目数30余项（地域精密定位系统、北斗地基增强系统、连续运行参考站系统、泛在定位终端、高精度测量终端、惯性导航终端等专利），主导并参与北斗国际标准制定，制定国内外行业标准10余项，完成公共服务平台建设2个（iGMAS精密数据处理与分析服务平台、北斗地基增强系统服务平台），组建北斗专业化众创空间，加快北斗创新成果产业化，科技成果转化逾1亿元。相关技术成果曾获国家科学技术进步奖一等奖1次、国家科学技术进步奖二等奖2次、教育部科学技术进步奖一等奖3次、测绘科技进步奖特等奖1次等。

案例2－12 促进四链有效整合，打造国家级生物医药产业基地
——抚州生物医药创新型产业集群

抚州生物医药创新型产业集群以“开展挖潜增效，实现效益提升”为导向，紧密围绕现有产业特色，深入挖掘本地传统中药产业发展潜力，紧密联系市场需求，重点发展现代中药和生物制药产品，加速发展化学合成药和大健康产业，培育发展医药流通领域，加快医药行业结构优化调整步伐，吸引国内外先进生物技术创新资源集聚，搭建生物医药产业公共服务平台，促进技术链、产业链、资本链、人才链有效整合，形成产业链上中下游衔接、大中小企业协同发展的集聚效应，倾力打造国家级生物医药产业基地。

优化现代中药产业结构。立足抚州市杜仲、金银花、元胡等丰富的药材资源，挖掘传统中药炮制技术优势，重点发展防治心脑血管疾病、抗肿瘤疾病、呼吸系统疾病等领域的中成药、中药饮片及中药保健品，在苍源药业成功在“新三板”挂牌的基础上，支持珍视明药业、清源汉本、仁丰药业等企业开发拥有自主知识产权、技术先进、成熟度高的中药成果产业化，使更多的疗效确切、可供临床选择的中药新产品走向市

场，项目完成后，形成若干个年产值过亿的中药新品种，为中药产品的结构优化与名药、名厂培育奠定基础。

提升生物制药产业活力。以博雅生物为龙头，攻克血浆综合利用等关键技术，巩固发展好人造蛋白、人纤维蛋白原等现有血液制品，研究开发人凝血酶原复合物、人凝血因子Ⅷ等新产品，引进预防传染病疫苗以及治疗用生物疫苗的产业化，加快推进博雅生物1000吨血液制品智能工厂项目发展，加大占领国内外血液制品市场步伐；加速推进舒美特药业、洋浦生物、嘉德生物等企业的规模壮大，积极引进育成中心、生命科技园、生物科技园等产学研一体化项目，培育医药发展新动能，推进医药产业高质量发展行稳致远。

深挖化学合成药产业潜力。重点开发和仿制对常见病有显著疗效的小分子化学药物，择优发展符合清洁生产要求的原料药及中间体，大力发展成品药。加快绿色产品开发和技术进步，依法依规淘汰落后产能，推动提升行业绿色发展水平。整合行业创新资源，打造绿色制药技术联盟，突破制约原料药绿色发展的技术瓶颈。积极实施回音必制药的盐酸司他斯汀、枸橼酸托烷司琼注射液等新产品的产业化，推进博雅欣和、星辰药业、华瑞药业建设进度和达产达标。

创新大健康产业发展模式。大力发展以天然生态产品为原料的营养保健饮品、食品，布局大健康产业；加强产业布局规划，加快原料药企业升级改造，促进原料药产业与区域环境协调发展。整合行业优势资源，提高基础设施保障能力，推动原料药企业向环境承载能力强、生产配套条件好的区域集聚。推动保尔安生物尽快在“新三板”挂牌落地，辐射、带动以保健监测器材、保健设备、治疗设备、保健护理产品等为主的医疗器械行业发展；支持珍视明建设眼护贴、光学眼镜、保健品等多个品种的眼健康产业园；支持星辰生物建设维生素系列产品产业园。

整合生物医药流通产业资源。依托现有生物医药生产企业和汇仁医药、同盛医药、吉康医药、创康医药等流通企业，整合生物医药资源，大力发展规模生物医药流通企业和生物医药产品交易专业市场，以流通带产业，以产业促流通。努力营造生物医药产业发展优良环境，推动生物医药产业实现集约化、集聚化、特色化快速发展。

案例2－13 资源禀赋成就发展优势
——海西盐湖化工特色循环经济创新型产业集群

海西盐湖化工特色循环经济创新型产业集群根据柴达木盐湖资源禀赋和开发现状，集聚柴达木盆地相关平台技术、设备、人才优势，全面实施以钾盐开发为主线，以镁、锂、硼、锶等综合利用为核心的盐湖资源综合利用战略，促进盐湖资源综合利用高新技术研究和成果转化。

产业集群围绕盐湖资源综合开发，以钾、钠资源开发为基础，以镁资源利用为突破口，构建以钾、钠、镁、锂、硼、溴等资源梯级开发和以配套平衡氯气、氯化氢气体为辅的盐湖资源综合开发产业体系。不断深化盐湖资源的合理、有效利用，构建盐湖化工产业群和产业链，做大做强盐湖化工产业，为青海省打造千亿元盐湖化工产业奠定坚实基础。通过扩大和深化钾盐产业链，优先发展锂盐产业链，稳步发展镁盐产业链，适度发展钠盐产业链，已基本建成全国规模最大、技术含量高、产品种类丰富的盐湖化工产业基地。

重点建设了恒信融2万吨电池级碳酸锂、西部镁业10万吨氢氧化镁、滨地钾肥百万吨钾肥扩能、中信国安30万吨硫酸钾、兴华锂盐1万吨氯化锂、聚之源年产6000吨高端六氟磷酸锂等86个项目。已基本形成850万吨钾肥、420万吨纯碱、90万吨硫酸钾、62万吨硫酸钾镁肥、12万吨氢氧化钾、5.3万吨碳酸锂、1.3万吨氯化锂、2万吨硼酸等生产能力，盐湖工业股份有限公司、藏格钾肥、发投碱业、昆仑碱业、冷湖滨地、东台锂资源、中信国安等一批重点企业稳步发展。

青海盐湖集团通过几十年的发展，已成为全国最大的钾肥龙头生产基地，以钾肥生产为主的盐湖产业在我国国民经济建设中具有重要地位和作用，钾肥产品销往全国各地，占国内钾肥销售市场份额的30%以上，是国家重要的农用钾肥战略物资产品生产基地。盐湖化工产品品牌发展迅速，盐湖集团盐桥牌氯化钾是国家商标局认定的驰名商标，青海中航资源有限公司天上田牌钾肥、中盐青海昆仑碱业有限公司昆仑雪牌纯碱获得青海著名商标。

案例2－14　提高双创服务能力，打造“安全谷”
——合肥基于信息技术的公共安全创新型产业集群

合肥基于信息技术的公共安全创新型产业集群积极推动互联网、大数据、人工智能和实体经济深度融合，重点聚焦网络安全领域，打造“安全谷”，创新运用大数据、云计算、人工智能等先进技术，建设区域经济大脑，不断强化科技孵化链条建设，提升“合创汇”双创品牌影响力，提高创新创业服务能力，重点发展量子信息、大数据、人工智能等新一代信息技术，产业体系不断完善，创业氛围不断浓厚，创新能力不断提高，综合实力不断增强。

合肥科教资源丰富，是全国第二个综合性国家科学中心；合肥高新区是科学中心的核心承载区。集群以科学中心建设为契机，积极汇聚各类创新平台，开展多学科交叉研究、促进科技成果转化、发展硬科技产业、引领新兴产业发展。合肥建有量子信息与量子科技创新研究院、类脑智能国家工程实验室等国家级研发平台，集聚了中国科学技术大学高新园区、中国科学技术大学先进技术研究院、中国科学院创新研究院等重大协同创新平台，建成30多个面向双创企业的产业创新平台。目前，合肥离子医学中心国内首套拥有自主知识产权的质子治疗样机研制成功。实施名校名所名企合作战略，推动平台项目落地，引进安徽大学绿色产业创新研究院、中科曙光先进计算中心、海康威视合肥基地、赛伯乐中德创新中心、华为研究院等10余家研发平台。

同时，构建完善的“众创空间＋孵化器＋加速器＋产业园区”孵化链条，合肥高新区拥有各类双创孵化载体近70个，孵化面积超过350万平方米，服务创业企业超过3500家，累计培育出了合肥高新区50%的上市公司，科大讯飞、华米科技等都是早期从孵化器里成长起来的上市公司。近两年来，积极与知名大企业对接，腾讯、阿里巴巴、36氪、网易等知名企业纷纷落户建立了区域创新中心，依托各自资源优势，帮助区内优质企业链接外部各类高端创新创业资源。

此外，围绕企业服务，升级互联网＋创业创新服务平台，打造“合创汇”互联网＋创业创新服务平台，推出了创新创业电子券——“合创券”，建设汇集国家、省、市共11个政府部门及海量互联网数据的区域法人基础信息库，并依托信息库打造“人工智能＋合创券”系统，利用大数据资源和人工智能手段开展双创服务。目前，“人工智能＋合创券”系统已实现政策主动推送、精准申报、成长画像、服务对接等多项功能，已累计帮助2600余家科技型中小企业领取1.7亿元政策资金，获得过万次科技中介服务，形成了发明专利等各类知识产权超5000件，促进技术咨询和委托研发超过500项，受服务企业合计营业收入增长37.1%。“合创券”作为高新区双创工作的典型做法，受到了国家、省、市各级政府部门的重视。在长江三角洲区域一体化发展的过程中，合创券也作为高新区的一个抓手，会同长三角三省一市，共建双创券通用通兑服务。同时，推动双创服务“国际化”。“合创汇”是高新区倾力打造的区域双创品牌，着力打造线下“合创汇”品牌双创活动，截至2020年6月，在合肥及北京、上海、杭州等先发地区共举办了15期路演活动，累计推荐150个优质孵化器项目进行展示，吸引200余家投资机构参与，成功帮助20多个项目获得6亿元融资，有效成为园区优质企业与投资机构对接交流的平台。在“合创汇”品牌引领下，全区各类创业服务机构开展各类双创活动500余场，营造了良好的双创氛围，已在国内形成一定的影响力。

此外，园区充分发挥政府引导作用，由政府出资，引导基金集聚，打造特色金融产品，构建覆盖企业成长全周期的金融服务体系。例如，在加大种子期初创企业扶持方面，设立安徽省首只双创种子基金、天使基金和双创孵化引导基金，推出省青年创业引导资金、创新贷等9大金融产品。在扶持成长期企业发展方面，以政府引导基金为重点积极构建股权融资产品链，财政出资设立或参与设立投资基金25只，总规模约576亿元，累计投资项目326家，投资额127亿元，吸引带动全区集聚股权投资基金170只，资金规模2100亿元。在推动成熟期企业壮大方面，鼓励企业通过境内外上市再融资、新三板挂牌、银行间债券市场发债等方式实现资源优化配置，对直接融资、并购重组、再融资等给予相关奖励。

坚持把人才作为最大资源，坚持以产引才、多元育才、项目用才和实惠留才，让人才留得住、干得好。突出“高精尖缺”导向，引资引智相结合，通过“江淮硅谷”

名校引才等人才工程，近3年年均引进各类人才约3万人；成功获批合肥国家海外人才离岸创新创业基地核心区，广泛汇聚国内外创新创业人才资源，示范引导开放创新向更高层次发展；建设落成“合肥国际人才城”，并上线发布“合肥国际人才网”，打造人才要素集聚和人才工作机制创新载体，为来合肥的全球双创人才提供一流的软硬件设施、公共服务配套和优越生态环境。

案例2-15 公共服务平台助力产业发挥比较优势

——昆明高新区生物医药产业集群

通过发展生物医药产业集群，昆明高新区形成了以“云药”特色产业、新型疫苗产业为主，化学药、生物药、医学护肤品、人体再生医学、精准医学检测服务为重要补充的产业格局。昆明高新区生物医药产业园区，位于昆明国家生物产业基地核心区，是云南规模最大、最重要的医药研发与生产物流聚集区。园区地理位置优异、交通运输便利、基础设施齐全，并与中央驻滇科研院所合作共建了中国西南野生生物种质资源库、昆明国家生物产业基地实验动物中心、公共实验中心、中试生产中心等基础支持体系，生物医药产业化条件十分优异。围绕特色医药产业，园区通过内培外引多措并举，建立了专业化的，集“新药研发、临床试验、原辅料及中间体供应、药品生产、检验检测、医药流通、专业技术服务、商务服务、投融资服务”等功能为一体的产业链配套体系，并已实现了良好的衔接。通过近十年的发展，昆明高新区生物医药产业园区已聚集了全省80%的规模以上生物制药企业，医药工业总产值占全省60%以上，产业集群发展效应日益凸显。

建立“苗圃—孵化器—加速器”孵化体系。整合昆明高新区中小企业公共服务平台（包括昆明高新区中小企业服务中心、昆明高新技术产业集群公共服务窗口平台、昆明软件及文化创业产业集群公共服务窗口平台、昆明高新区科技企业孵化培育平台、昆明高新区中小企业服务超市等）的各类服务资源，形成了以创业服务中心为苗圃、以科技研发楼为孵化基地、以中试车间和标准厂房为加速器的孵化链条，面向生物医药产业协同开展集“创业辅导、创新支持、市场策划、管理咨询、人力资源与培训、科技研发服务、专业技术服务、信息技术服务、技术推广与应用服务、商务服务、生产性支持服务、投融资服务”等功能为一体的中小创新创业服务。

最具代表性的是园区医药大健康产业中小企业公共服务平台。该平台以建立“互联网+”产业孵化器平台为重点，以“整合科技资源、赋能中小企业创新创业”为宗旨，以昆明高新技术创业服务中心现有的科技企业孵化体系及中小企业公共服务平台为依托，以昊邦医药集团在制药、流通、检验检测等领域较为丰富的产业资源为基础，通过对昊邦医药园现有的物流自动分拣系统、食品检验检测平台、医学影像检测平台及信息化系统进行升级、改造和优化，全面建立面向园区医药大健康产业中小企业的第三方医药仓储及物流配送系统、第三方医学检测平台、第三方食品检验检测服务平台，为中小企业提供集“创业空间、创新支持、公共医药仓储及物流配送、公共食品检验检测、公共医学影像检测、供应链融资”等功能为一体的服务，切实帮助园区中小企业降低创新创业成本、门槛及风险，提高创新创业的存活率。该平台建成以来，已累计为园区企业提供医药物流、食品检测、医学影像检测等服务2000次以上，惠及企业400家，形成服务收入3000万元以上，促进新增就业200人次以上。

案例2-16 营建适宜创新、加速崛起的创新生态系统
——石家庄药用辅料与制剂创新型产业集群

石家庄药用辅料与制剂创新型产业集群依托石家庄高新区建设。作为高新技术产业的密集区、创新要素融合的聚集区，石家庄高新区结合生物医药产业在全国的突出优势，大力唱响发展生物医药产业这个主题，围绕建设创新型特色园区，通过构建创新载体、聚集创新资源，优化创新环境，为集群发展营建适宜创新、加速崛起的创新生态系统，强力促进生物医药产业转型升级发展。

着力打造特色载体助推双创升级。石家庄高新区在生物医药、装备制造、电子信息等重点产业领域谋划布局和建设孵化器，推动重点产业孵化器向专业孵化器转型升

级。同时，引导龙头骨干企业建设孵化器，整合资金、技术、市场等创新资源，培育中小微科技企业，形成以龙头骨干企业为核心，高校和科研院所积极参与，辐射带动中小微企业成长发展的产业创新生态群落。目前，区级及以上众创空间达到37家，其中国家备案众创空间9家；科技企业孵化器17家，其中国家级孵化器7家；加速器5家。石家庄高新区已形成“37家众创空间+17家孵化器+5家加速器+若干专业园区”的全链条孵化体系。众创空间提供办公面积4.7万平方米，2019年服务初创团队439个、服务初创企业530家，创业团队中应届大学毕业生340人，初创企业中应届大学毕业生282人。全区孵化载体面积达150多万平方米，累计入孵企业达1800余家，累计毕业企业728家。孵化器在孵企业从业人员有17167人，其中，大专以上人员14427人，留学人员55人，吸纳应届大学毕业生1134人。同时，通过积极争取，已成功申报财政部、工业和信息化部、科技部《关于支持打造特色载体推动中小企业创新创业升级的实施方案》中科技资源支撑型特色载体（双创升级示范区），并获得国家财政补助资金3500万元，三年内最多可获财政资金支持5000万元。引导帮助各科技企业通过加大研发投入、重视知识产权、积极申报发明专利、开展国际项目合作、引进高层次人才、落实各项科技计划，推动了全区科技孵化成果向现实生产力的转化，提高了企业的市场竞争力和全区的科技竞争力。启动创新创业云平台，初步打造了一个集政策、技术、服务、会议、创业、政务、资金等资源为一体的一站式创新创业服务平台，率先在河北省营造“平台+数据+应用+服务”的双创生态体系。

加强产业创新联盟建设。石家庄高新区围绕园区产业发展特色，充分发挥龙头企业引领带动作用，先后依托石药集团、华北制药、石家庄藏诺药业等企业率先谋划组建了抗生素产业技术创新战略联盟、中国药物技术创新及产业化战略联盟、创新药物研制产学研联盟、心脑血管药物创新综合平台、维生素产业技术创新战略联盟、微生物药物技术创新与新药创制产学研联盟六大集成创新体系，丰富的创新资源为集群技术创新提供了有力支持。目前，石家庄高新区布局组建的产业技术创新联盟10家，其中国家级5家。

推动金融服务创新体系建设。石家庄高新区拥有金融服务机构65家，其中，银行18家，保险、小贷公司、创投机构等共47家。设立了50亿元规模的母基金、9亿元的新药基金、5.02亿元的生物医药技术孵化基金、2亿元的高新产业发展基金，1亿元的中小企业引导基金、3500万元的天使投资引导基金，以及2亿元的石药基金、1亿元的中浦基金、1亿元的并购基金，搭建了全产业资金链。作为全国科技金融创新试点园区，河北省科技保险创新试点园区成立了3家科技保险专营机构、6家科技支行，为生物医药领域产业发展提供了有力的资金支撑。同时，支持各类商业银行增设或改造科技支行，对科技支行试行单独的信贷管理与考核机制，在风险可控的前提下合理设置科技支行的授信审批权限，高新区目前拥有科技支行6家。完善创业投资和天使投资引导机制。依托石家庄高新区投资母基金，在现有7只政府参与基金的基础上，筹建医疗消费基金、生物医药基金、河北青年创业基金、工业技术发展改造基金、高新产业发展基金、云和毅仁基金6只基金，补充基金力量，构筑基金产业全周期体系。创新发展科技保险。扩大小额贷款保证保险、贷款担保责任保险的规模，发展再保险与债券信用保险，探索建立"政府信用+商业信用+专业保险经纪服务"科技保险模式，成立3家科技保险专营机构，对科技保险产生的保费，年度内给予最高保费60%、15万元的费用补贴。

完善营商环境。行政审批制度已经实现了从"物理集中"到"化学反应"的转变，推出了群众办事"最多跑一次"，通过规范制度、网上审批、流程优化、代办服务等一系列措施，实现"一门办""一网通办""不见面审批"；投资项目6个工作日内项目手续全部办结，实现四证齐发；政务服务全天候，首问负责制、项目专员制、企业家工作例会制，"保姆式"、全链条服务，实现政企无缝对接，打造一流服务环境。推出科技服务特派员和金融服务特派员双特派员制度。科技企业服务特派员制度立足"只服务、不干涉，只帮忙、不添乱"的工作原则，推行"三个一"（一本惠企政策汇编、一张职能工作流程图、一本包联服务台账）精准服务，重点做好为企业协调解决各类政府事务、宣传解读帮扶政策、协调解决困难问题、开展企业服务专项活动等工作。科技金融服务特派员制度聚焦企业复工复产及创新发展过程中的融资难、融资贵等问题，提供一批融资方案、创新一批金融产品、完善一批政策措施、组建一支全能型金融服务队伍，深入一线及时跟踪了解企业需求，为科技型企业提供"一对一"精准服务，着力打通金融服务"最后一公里"，实现金融服务"零距离"。推行企业服务机制，搭建了综合性企业服务平台，企业直接通过网上平台反馈问题，责任部门限时办结，用精准高效的服务促进优势企业多拉快跑。同时，石家庄高新区列入河北省企业登记全程电子化试点，在石家庄率先推行了“网上预约”登记服务，有效地激发了市场主体创新创业热情。

案例 2－17　发挥科技“第一生产力”，重构产业创新链
——西安泛在网络技术创新型产业集群

西安泛在网络技术创新型产业集群把握信息技术发展趋势，搭建产业集群创新平台，充分发挥科技“第一生产力”的作用，加快推进改革创新“第一动力”，重构产业创新链，夯实通信基础设施建设，发挥军民融合特色优势，扩展信息高端应用模式，聚焦半导体、通信、网络空间安全、信息智能应用等泛在网络关键技术领域，加速释放高质量发展的新动能。

搭建了科技、人才资本大市场等集群服务机构平台，不断强化人力、知识、技术、基础设施、资本、信息及政策等创新要素的有效互动。推动重点实验室、工程技术中心和企业创新中心等创新型研发平台建设，全年获批 9 个国家级平台、89 个省级平台，先后建立清华大学交叉信息核心技术研究院、陕西半导体先导技术中心、增材制造国家创新中心、陕西光电子集成电路先导技术研究院、特种飞行器工程研究院等新型研发机构 40 余家，投入政策资金超过 10 亿元，撬动社会资本超过 50 亿元。

创新构建了基于集群的服务体系，其中集群服务机构中创新服务机构数达 38 家，研发机构达 198 家，金融服务机构 129 家。强化金融助力，打造创新创业新引擎，优化金融产业发展软环境，出台《加快金融业发展的若干政策》《金融支持产业发展的若干政策》等精准靶向举措，率先在全国实现 3 个工作日内完成新设投资机构的工商注册行政审批。成立西安高新金融控股集团有限公司，构建金融全牌照体系。成功举办全球创投峰会，发布“创投十条”。增强金融体系服务实体经济的能力，设立 150 亿元的首善高新产业发展及并购基金，完成金融业增加值 155.55 亿元，直接融资 202.73 亿

元，存贷款余额增速21.16%，全方位支撑集群创新创业。

坚持引进、孵化、培育中小微企业，引进与协调研发机构、科技中介服务资源，促进各类创新资源聚集与融通，推动区域双创载体空间建设，着力构建全要素创新创业生态圈。2019年，着力构建立体化孵化网络，营造创新创业最优生态，努力实现技术、人才、资本、服务等全要素资源的优化配置。形成“苗圃—孵化器—加速器”全链条式创业孵化体系，全年新增双创载体20家，双创载体总计133家，其中国家级孵化器14家，众创空间77家。双创载体面积不断增大，全年新增超过100万平方米，总面积超过700万平方米，累计在孵和毕业企业超过4000家。会展、论坛、路演、赛事、培训等双创活动总计2500余场次，全球硬科技创新大会、华山论剑网络安全大会、第三届全球程序员节成为打造科技创新、软件服务、网络安全等方面的全球性创新创业城市IP，其中仅集群内科技活动参与人员超3万余人。

2019年，西安高新区主动融入全球价值链和创新链，探索打造国际化高端平台，在美国硅谷、以色列特拉维夫、瑞典斯德哥尔摩等国家和地区设立了8个离岸创新中心、4个科技服务站、5个海外研发中心，“丝路硅谷海外双向博士后流动站”“欧盟研究与创新中心（西安办公室）”等项目成功揭牌；成功为中瑞、中德40余个创新创业项目进行路演活动；举办2019年“一带一路”中亚地区行业投资论坛暨投洽会（吉尔吉斯共和国专场），与吉尔吉斯共和国合作共建海外科技园区；推动筹建中国—南非海外孵化器。组建了一批集群产业联盟包括陕西电源产业技术创新战略联盟、西安网络信息安全产业联盟等，实现了在创新资源配置、产业转移、人才共享、项目配套和产业联动创新上的协同与联动发展。

案例2-18　构建全面的产业协同创新体系
——中关村移动互联网产业集群

中关村移动互联网产业集群在移动互联网产业链各环节都发展出一批创新能力突出的企业，拥有丰富的高端人才、创新资源与金融资本等，产业高端要素的集聚效应显著，形成了细分领域布局完善、创新成果踊跃、技术体系开放、应用领域广泛的产业发展模式。同时，建立了国家级孵化器、硬科技孵化平台等相关创业孵化机构近200家，配套了一系列技术交易机构、知识产权服务机构、产业联盟、行业协会等组织，在中关村西区、中关村软件园、东升科技园、金隅·智造工场、中关村壹号、环保科技园等区域形成了“南北呼应、定位差异”的移动互联网的产业集聚区，构建了较为全面的产业协同创新体系。

完善产业扶持政策。2013年，北京海淀区发布了“1+4+1”政策体系，通过激发科技创新活力，加强重点产业，优化创新创业环境等支持措施，有效推动产业发展。2018年，围绕全国科技创新中心核心区建设的目标，海淀区发布了《关于加快推进中关村科学城建设的若干措施》，以增强原始创新能力、巩固高精尖产业结构、完善创新生态体系、形成新型城市形态、提升创新效率能级为主要目标，抓大放活，有的放矢，同时围绕人工智能、智能网联汽车、区块链、RISC-V等产业核心领域出台一系列细分产业支持政策，加快核心技术突破与落地应用，进一步推动移动互联网产业提升。

推动新型研发机构设立。为加快推动产业源头技术创新，海淀区整合产业优质资源，支持建设智源研究院，推动人工智能理论、方法、工具、系统等方面取得变革性、颠覆性突破；支持建设北京微芯边缘计算研究院，加强边缘计算前沿领域技术研发和创新孵化；支持建设北京国汽智能网联汽车技术研究院，加快智能网联汽车关键技术研发与成果转化。

深化与高校院所产业合作。依托海淀区丰富的高校院所资源，深化与高校院所的成果转化对接，先后与中国科学院北京分院、清华大学、北京大学、北京航空航天大学、北京理工大学对接设立概念验证中心，支持区域内高校院所基础研究成果面向应用转化进行概念验证；与中国科学院开展深度合作，建设中科（海淀）智汇工场，引导中国科学院科技成果对接海淀区特色产业需求并加速转移转化，形成海淀区智能制造产业高地和中国科学院智能制造技术的展示窗口。

加快科技应用场景落地。加快推动自动驾驶示范区应用场景、超高清视频技术应用场景、智慧交通应用场景、5G技术推广、科技公园应用场景、智慧社区应用场景和金融风险智能监测平台等一系列科技场景示范，为企业搭建新技术新产品验证和推广平台，促进企业创新成果应用推广和价值提升。

强化产业资本支持。通过股权投资基金、创投引导基金、科技成果转化基金、产业投资基金和并购母基金的多种资本模式的有机结合，形成投资阶段覆盖初创期、成长期和成熟期项目的“创新基金系”。股权投资基金围绕移动互联网产业链开展投资，扶持了龙芯中科、华控清交等一批初创期科技企业发展，补充投资市场失灵环节；引导基金与清华大学、北京大学等高校院所及华胜天成、拉卡拉等龙头企业组建基金，促进科技成果转移转化，助推领军企业加速完善产业布局。

提升创新创业环境。围绕移动互联网产业，加快中科创星、创客总部等专业化创业服务平台与硬科技孵化器建设，精准匹配技术研发、中试熟化、检验检测等服务；支持大唐集团、航天科工、小米等大型央企、互联网领军企业等多方主体积极参与创业孵化平台建设，集整合业者、技术、资本、市场、产业链、服务等资源，形成融通创新发展态势。

优化人才服务。推动国际人才社区建设，落实中关村人才特区先行先试政策，搭建国际青年创业平台，加大对领军人才、青年英才的引进和培育力度。发挥院士专家工作站、博士后工作站等平台作用，强化校企人才联合培养和互动发展，促进驻区央属高校院所人才与海淀区产业发展的融合交流。

第三节 集群效益

集群效益集中体现了集群产业发展的数量与质量，也是集群创新的价值体现。我国经济发展已进入质量提升阶段，比以往任何时候都更加需要充分发挥科技创新的引领与支撑作用，要以创新作为经济发展的根本动力。集群化创新的优势在于创新效率的提升、创新态势的可持续和创新经济的先发优势，根本途径就是要将集群创新的成果迅速转化为经济发展的新动能。近年来，各创新型产业集群全面实施创新驱动发展战略，聚集各类创新要素，强化研发体系，繁荣创新生态，着力产业创新，不断促进创新链与产业链深度融合，加快发展现代产业体系，推动着创新型产业集群迈向高质量发展。

根据科技部火炬中心创新型产业集群统计，可以从集群营业收入、集群企业总数、集群从业人员总数、营业收入净利润率、营业收入平均增长率展现出创新型产业集群在集群效益上的总体情况。

一、集群营业收入

2019 年，创新型产业集群营业收入总计 57396.7 亿元。其中，新一代信息技术创新型产业集群营业收入最多，达到 21026.9 亿元，超过总数的 1/3；新能源创新型产业集群营业收入最少，仅为 400 余亿元（见表 2－23）。东部地区集群营业收入较高，为 38136.1 亿元，约占总数的 2/3；东北地区集群营业收入较低，为 3444.9 亿元，如表 2－24 所示。

表 2－23　不同产业集群营业收入

集群产业	营业收入（亿元）
新一代信息技术	21026.9
高端装备制造	10729.4
新材料	5273.5
生物	7900.9
新能源汽车	4427.3
新能源	404.9
节能环保	941.7
数字创意	2558.1
相关服务业	534.0
总　计	57396.7

表 2－24　不同区域集群营业收入

集群区域	营业收入（亿元）
东部地区	38136.1

续表

集群区域	营业收入（亿元）
中部地区	7150. 2
西部地区	8665. 5
东北地区	3444. 9
总　计	57396. 7

2017～2019 年，集群营业收入保持稳定增长，年均增长率为 4. 8%，如图 2－12 所示。

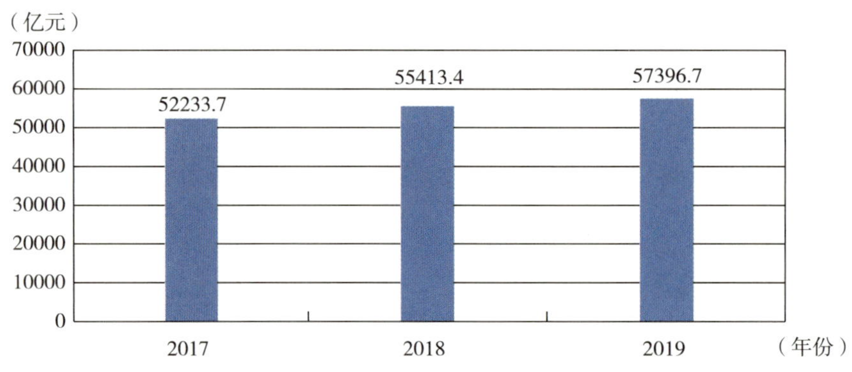

图 2－12　2017～2019 年集群营业收入

二、集群企业总数

2019 年，创新型产业集群企业总数 23638 家，其中，新一代信息技术创新型产业集群企业总数最多，达到 7520 家；相关服务业创新型产业集群企业总数最少，为 735 家（见表 2－25）。东部地区集群企业总数较高，为 14234 家；东北地区集群企业总数较低，为 2865 家，如表 2－26 所示。

表 2－25　不同产业集群企业总数

集群产业	集群企业总数（家）
新一代信息技术	7520
高端装备制造	4319

续表

集群产业	集群企业总数（家）
新材料	1755
生物	4409
新能源汽车	1222
新能源	1265
节能环保	941
数字创意	1472
相关服务业	735
总　计	23638

表 2－26　不同区域集群企业总数

集群区域	集群企业总数（家）
东部地区	14234
中部地区	3060
西部地区	3479
东北地区	2865
总　计	23638

2017～2019 年，集群企业总数保持了稳定增长，如图 2－13 所示。

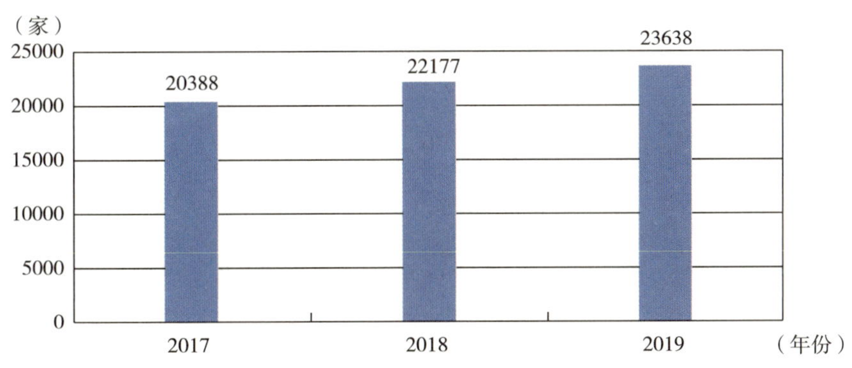

图 2－13　2017～2019 年集群企业总数

三、集群从业人员总数

2019 年，创新型产业集群从业人员总数为 419.2 万人。其中，新一代信息技术创新型产业集群人员总数最多，达到 144.2 万人；节能环保创新型产业集群人员总数最少，仅为 10.7 万人（见表 2－27）。东部地区集群人员总数最多，为 255.4 万人，约占总数的 61%；东北地区集群人员总数最少，为 40.1 万人，如表 2－28 所示。

表 2－27　不同产业集群从业人员总数

集群产业	集群从业人员总数（万人）
新一代信息技术	144.2
高端装备制造	85.2
新材料	29.9
生物	59.7
新能源汽车	28.2
新能源	26.1
节能环保	10.7
数字创意	22.4
相关服务业	12.8
总　计	419.2

表 2－28　不同区域集群从业人员总数

集群区域	集群从业人员总数（万人）
东部地区	255.4
中部地区	59.4
西部地区	64.3
东北地区	40.1
总　计	419.2

2017～2019 年，集群从业人员总数增势放缓，结合同期营业收入的增势，劳动生产率有所提升，如图 2－14 所示。

四、营业收入净利润率

营业收入净利润率是集群年度净利润与营业收入的比值，是反映集群总体运营效益的重要指标。2019 年，创新型产业集群共实现净利润 4192.6 亿元，营业收入净利润率为 7.3%。其中，相关服务业创新型产业集群营业收入净利润率最高，达到 11.9%（见表 2－29）；中部地区创新型产业集群营业收入净利润率较高，为 9.0%（见表 2－30）。需要注意的是，由于西部地区一家节能环保类集群 2019 年呈现巨额亏损数据，对分产业、分区域中的相关营业收入净利润率数据产生较大影响，难以客观反映相关产业、区域的总体表现，故表 2－29、表 2－30 中已剔除了该净利润额异常集群数据。

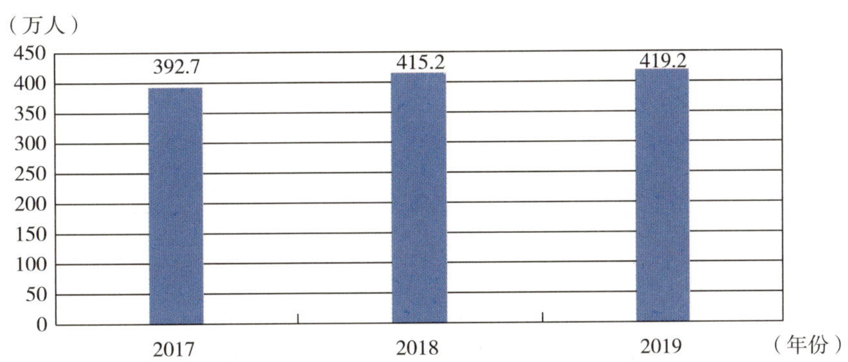

图 2－14　2017～2019 年集群从业人员总数

表 2－29　不同产业集群营业收入净利润率

集群产业	净利润（亿元）	营业收入净利润率（%）
新一代信息技术	1968.1	9.3
高端装备制造	739.2	6.0
新材料	299.7	5.3
生物	664.9	9.3
新能源汽车	230.8	7.2
新能源	413.9	9.9
节能环保*	84.2	10.9
数字创意	276.5	9.2
相关服务业	62.6	11.9

注：* 该处已剔除一家净利润额异常集群数据。

表 2－30 不同区域集群营业收入净利润率

集群区域	净利润（亿元）	营业收入净利润率（%）
东部地区	3485.4	8.2
中部地区	537.3	9.0
西部地区*	568.8	6.8
东北地区	149.5	6.0

注：*该处已剔除一家净利润额异常集群数据。

2017～2019 年，创新型产业集群营业收入净利润率均超过 7%，但由于一家高亏损集群的拖累，影响了原有的增长势头，如图 2－15 所示。

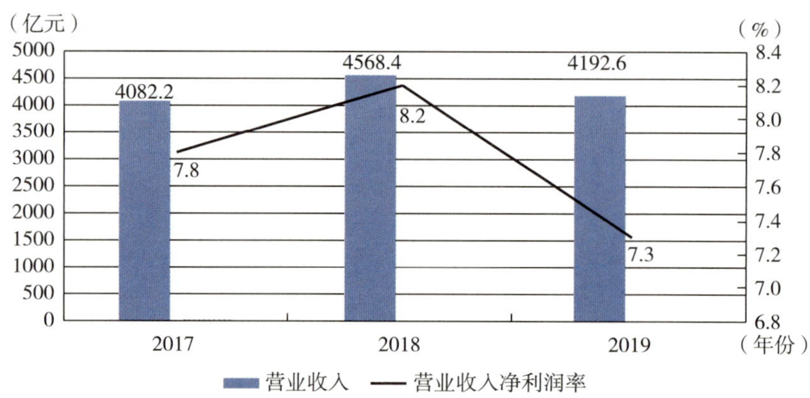

图 2－15 2017～2019 年集群营业收入净利润率

五、营业收入平均增长率

集群营业收入平均增长率是反映集群成长性和成长效益的重要指标，它是以评价年度为基准，近两年集群营业收入增长率的平均值，其计算公式为 $\frac{1}{2}\left(\frac{y_t - y_{t-1}}{y_{t-1}} + \frac{y_{t-1} - y_{t-2}}{y_{t-2}}\right) \times 100\%$；其中，y 表示年度营业收入；t 表示评价年度。据统计，2017～2019 年，创新型产业集群营业收入平均增长率达到 38.76%。但需要特别注意的是，由于统计范围调整的原因，东部地区一家生物类集群 2017 年营业收入额极低，导致该集群营业收入平均增长率极高，对分产业、分区域中的相关营业收入平均增长率数据产生较大影响，难以客观反映相关产业、区域的真实表现，故表 2－31、表 3－32 中已剔除了该营业收入平均增长率异常集群数据。剔除该集群数据后，2017～2019 年创新型产业集群营业收入平均增长率总体上为 7.1%。分产业看，新能源创新型产业集群和新能源汽车创新型产业集群营业收入平均增长率较高，均超过 10%；新材料创新型产业集群营业收入平均增长率最低，为 0.8%（见表 2－31）。分区域看，东北地区营业收入平均增长率最高，为 14.0%；中部地区营业收入平均增长率较低，为 5.7%，如表 2－32 所示。

表 2－31　不同产业集群营业收入平均增长率

集群产业	2017～2019 年营业收入平均增长率（%）
新一代信息技术	7.6
高端装备制造	6.9
新材料	0.8
生物*	8.3
新能源汽车	10.2
新能源	10.3
节能环保	7.5
数字创意	8.4
相关服务业	8.9

注：* 该处已剔除一家营业收入平均增长率异常集群数据。

表 2－32　不同区域集群营业收入平均增长率

集群区域	2017～2019 年营业收入平均增长率（%）
东部地区*	6.5
中部地区	5.7
西部地区	6.3
东北地区	14.0

注：* 该处已剔除一家营业收入平均增长率异常集群数据。

案例 2－19　打造中国电谷，构建世界级产业基地

——保定新能源与智能电网装备创新型产业集群

保定新能源与智能电网装备创新型产业集群坚持“产业集聚、创新驱动、高端引领”发展理念，围绕“打造中国电谷、构建世界级新能源及电力技术创新与产业基地”战略构想，聚焦新能源与智能电网装备主导产业，抢抓新能源与智能电网先发优势，大力构建光电、风电、输变电和电力自动化装备制造特色产业体系，集群持续发展壮大，形成了鲜明的技术创新特色和产业聚集优势，先后获得国家新能源高技术产业基地、国家可再生能源产业化基地、国家新能源与能源设备产业基地等国家级金字招牌。

近年来，保定新能源与智能电网装备创新型产业集群以保定·中关村创新中心为“核心”，以朝阳大街现代服务业、乐凯大街高端装备制造业为“两轴”，嵌入风电产业园、智能电网装备产业园、大学科技园等特色产业园，构建起“一核两轴多园”产业空间布局，加力加速、做优做强，集群规模进一步壮大。2019 年，保定高新区实现总收入 2058 亿元，实现财政收入 35.2 亿元；完成工业总产值 1102 亿元。新能源与智能电网装备产业完成产值 531 亿元，占工业总产值 48.2%；集群完成营业收入 641 亿元；集群企业个数 430 家，其中高新技术企业 319 家；国内上市企业 23 家；营业收入 1 亿～10 亿元企业 88 家，超 10 亿元企业 19 家；集群从业人员 6.37 万人。集群拥有有效发明专利 12104 件，拥有境外授权专利 129 件，拥有注册商标 5071 件。2019 年形成国际标准 1 项，形成国家或行业标准 32 项；2019 年获得国家科技奖励 4 项；推进清洁高效生产，万元 GDP 能耗控制在 0.357 吨标准煤以内；工业用地产出强度 930 万元/亩；科研活动经费支出 5.14 亿元。

此外，集群在龙头企业的引领下，实施强链补链，增加市场主体，产业集聚效应明显。围绕主业大力培育科技型企业，2017 年、2018 年、2019 年新认定高新技术企业分别为 74 家、118 家、146 家；本着梯度培育、差异扶持的原则，推动科技型中小企业在数量和质量上提升，2019 年末突破 1000 家，科技小巨人企业达到 28 家。产业集

群销售收入、行业利润、主要企业数量70%以上集中在保定高新区，汇聚了一批行业领军企业，形成了光电、风电、储电、节电、输变电和电力自动化六大产业体系，对保定高新区产值贡献度超过“半壁江山”。以英利集团、国电、天威、四方三伊为代表的骨干企业，在各自领域保持着领先优势。发挥集群与区位双重优势，汇聚京津多方力量，与中国国电、中铁、中航集团等多家央企及中关村展开全面对接，形成互补交融、合作共赢的良好态势。

案例2－20 全力打造国内一流的网络视听产业基地
——成都数字新媒体创新型产业集群

成都高新区始终大力支持产业集群化发展，逐渐确立以“视频”为产业资源优化配置纽带，充分激活电子信息软、硬件优势产业资源，抢先拓展未来智能社会视频应用广阔市场空间，全力打造国内一流的网络视听产业基地，以中国网络视听大会等行业会议为平台，以产业功能区为载体，推进网络视听“上游硬件设备＋中游视听应用＋下游平台渠道”产业链环节协同发展、创新发展，成效显著。

经济规模持续增长，主要经济指标表现良好。2019年，集群工业总产值1086.74亿元，同比增长8.11%；营业收入1967.80亿元，同比增长17.92%。其中，技术收入达到465.27亿元，同比增长12.66%；净利润达到240.51亿元，同比增长11.52%。此外，外贸发展新动能在不断积聚，企业调整自身适应市场多元化需求，探索对外贸易新模式，提升品牌、产品治理和创新技术能力，2019年集群企业出口总额为647.56亿元。

企业培育成效显著，“文创＋科技”方向逐渐明确。集群不断持续优化技术、人才、资本、信息等创新要素供给能力，鼓励企业做大做强，企业培育成效显著。2019年，集群企业总数已达到1184家，同比增长12.87%。其中，高新技术企业877家，同比增长15.70%；营业收入超过10亿元企业22家，同比增长15.79%；上市挂牌企业56家，略有下降；在孵企业达到282家，同比增长0.71%；毕业企业72家，同比增加7.46%。无论从企业总数还是培育质量来看，集群企业培育工作都取得了较好效果。

同时，集群目前形成了涵盖产业上游硬件设备、中游视听应用和下游平台与渠道，较为完整的网络视听产业链条。聚集了游戏、动漫、音乐、数字媒体等消费级视频应用企业，多媒体芯片、新型显示、智能终端、广电设备等硬件设备制造企业，压缩解码、大数据分析、视频识别、监控系统开发等技术服务企业440余家，拥有以京东方柔性屏、国科微电子视频监控芯片、极米无屏电视为代表的视听硬件商和以华栖云为代表的云服务供应商，以华为、中国移动5G研究院为代表的5G技术研发部门和以腾讯、咪咕为代表的内容服务生产商，逻辑层面的产业生态链已初步形成。

研发能力进一步增强，创新产出稳步上扬。2019年，集群企业研发投入持续增长，服务机构和产业联盟有所增加，创新产出稳定增长。在研发投入方面，集群入统企业科技活动经费支出达到177.4亿元，同比增长31.70%，其中委托外单位开展科技活动经费支出达到14.1亿元，同比增长43.45%。科技活动人员5.6万人，同比增长14.25%。服务机构及联盟方面，服务机构中研发机构50家，与2018年持平。在创新产出方面，2019年发明专利和欧美日专利授权数分别为1108件、143件，2019年形成国家或行业标准17项，当年形成国际标准1项。截至2019年末拥有有效发明专利达5159件，期末拥有注册商标达9283件，期末拥有软件著作权26337项，同比分别增加793件、2266件、6403项，增幅分别为18.16%、32.29%、32.12%。

服务体系不断完善，营商环境更加优化。集群服务体系不断完善，形成了产业孵化、研发测试、版权交易、人才培训与引进、投融资等较为完整的平台资源。在产业孵化方面，根据企业全生命周期成长需求，构建以种子期雏鹰企业、瞪羚企业、独角兽企业、平台生态型龙头企业为重点的企业全生命周期梯度培育体系。在研发测试方面，搭建如数据中心（IDC）、云服务平台、手游测试平台、SAP数字创新空间等公共技术平台，为软件开发、数字娱乐、电子商务、移动互联网和信息安全等高新技术企业提供基于研发、测试、演示验证、技术支持、共享信息等全方位的技术支撑服务。在知识产权方面，探索形成“政府担保基金+服务机构（担保）+银行+评估”“担保+银行+评估”两种知识产权质押融资模式，首创知识产权刑事案件“双报制”，先后获批全国版权示范园区、国家知识产权示范园区、国家知识产权服务业集聚发展示范区。在人才培训与引进方面，设立50亿元领军人才专项基金，实施“金熊猫人才计划”，强化中国（成都）人力资源和国际人才城建设，完善人才服务“一体化”制度，畅通高层次人才服务“绿色通道”。在投融资方面，大力推进投融资体制改革，实现财政科技投入的金融化、杠杆化、市场化运营，目前，盈创动力模式已在四川省复制推广。

案例2-21　发展质量效益明显提升，由价值链低端向高端迈进
——大连高端工业软件创新型产业集群

近年来，大连高端工业软件创新型产业集群坚持“又高又新”高质量发展不动摇，确立“产业立区、创新强区、人才为先、协调发展”的工作思路，加快实施创新驱动发展战略，进一步夯实科技、人才、金融等方面的基础优势，切实加强软件集群建设，进一步突出引领示范作用，努力构筑创新创业创投发展高地。

经过多年的发展，大连高端工业软件产业集群发展质量效益明显提升，基本实现由劳动力成本推动向价值驱动转变，由价值链低端向高端迈进。2019年，集群内企业营业总收入达到347.2亿元；主营业务收入达到343.9亿元；工业总产值达到109.2亿元；技术收入达到78.7亿元；出口总额达到69.0亿元；净利润达到9.2亿元；实际上缴税费总额15.9亿元。2019年申请发明专利1280件，同比增长39.7%；申请国内发明专利552件，同比增长8.02%；申请欧美日专利8件；当年授权发明专利346件，同比增长8.5%；授权国内发明专利238件，同比增长11.2%；当年注册商标60件，同比增长11.1%；认定登记的技术合同项数达到1649件，同比增长76.6%；认定登记的技术合同成交金额达到36.4亿元，同比增长29.2%。

企业是推动经济高质量发展的主体。目前，大连高端工业软件产业集群拥有近500家企业。其中，高新技术企业达到313家，占集群企业总数的62.6%；营业收入超亿元企业总计40家，其中营业收入超10亿元企业11家；境外控股企业达到29家；拥有

科技研发机构的企业73家；集群内上市企业7家，“新三板”挂牌企业18家；世界500强及行业领军重点企业项目总数超过130家，引进德国莱茵集团财务共享中心、英国RPS医药科技大连研发中心等世界500强企业项目17个；亚马逊大连客服中心、日本乐天软件研发中心、野村综研软件研发中心开业，大连中防联博置业有限公司、大连启迪华信科技有限公司等相继注册。

人才是第一资源。大连高端工业软件产业集群大力发展人力资源服务业，建设国家级人力资源产业园，培育专业性、行业性人才市场，吸引国内外知名猎头公司设立分支机构，持续做好面向海外人才的“海创工程”和面向科研人员的“科创工程”，人才引进和培养工作成效显著。初步测算，大连高端工业软件产业集群在职人员数达到82652人，其中，科技活动人员10342人，占比达到12.5%；硕士9987人；博士301人；留学归国人员2092人。2019年中国海外学子创业周共有28个国家656名海外学子携360个高端项目参会，引投资近6亿元；23个项目集体签约，签约金额15亿元；达成用人意向903人，实现了规模最大、层次最高、质量最优、辐射最强、影响最广、落地最实的预期目标。2017年起，实施“科创工程”，吸引高校院所科研人员创业项目187个；2016年起实施的“人才归巢”计划，已有千余名人才回归；成立高级经理人学院，培养近600名高级管理人才。

案例2－22　世界级产业集群规模初步形成
——杭州数字安防创新型产业集群

杭州数字安防产业集群以打造全球领先的世界级产业集群为目标，以创新驱动强化内生增长动力，围绕重点环节补链强链，完善创新服务体系建设，提升企业自主创新能力。产值规模从2013年的不足500亿元到2017年跨过1000亿元，再到2019年的1692亿元，已实现3倍以上增长的跨越发展，世界级产业集群规模初步形成。

产值规模迈上新台阶。自2017年取得集群总收入突破千亿级的好成绩，近两年，高新区数字安防产业增长势头更为迅猛，集群总收入和产值规模迈上新台阶。集群总收入从2017年的1459.3亿元增长至2019年的1692.0亿元，其中主营业务收入达1585.6亿元；工业总产值从2017年的1111.4亿元增至2019年的1314.5亿元；出口总额从2017年的33.4亿元增至2019年的102.8亿元。特别是针对产业链短板，高新区引导企业发挥芯片设计和制造的牵引作用，围绕强链补链激发“芯”动能，2020年1~4月，集成电路产业利润总额同比上涨24.8%，出口同比上涨25.5%。2019年，集群净利润236.1亿元，实际上缴税费总额90.8亿元，对地区税收收入的带动作用明显增强。

企业梯队稳步壮大。高新区全力打造良好创新创业生态环境，鼓励龙头企业做强主导产业，鼓励企业裂变赶超，实现产业链的延伸。例如，海康威视的业务发展不断带来新的技术沉淀，在安防为代表的智能物联网解决方案与大数据服务之外，以视频技术为基础的萤石网络、海康机器人、海康汽车电子、海康智慧存储、海康微影、海康消防等新业务逐步打开局面；大华股份孵化培育了华睿、华创、华橙等细分领域骨干企业。以集群领军企业和关键核心企业为重点，充分发挥科技型中小企业优势，实施集群企业梯次培育行动计划，不断壮大集群企业队伍，促进大中小企业协同创新、融通发展。集群企业总数由2014年的513家增加到2019年的579家，其中营业收入在1亿~10亿元的企业有47家，营业收入超过10亿元的企业有21家。上市企业（含新三板）从23家增至40家，其中主板上市企业达到15家，科创板上市企业3家，2020年光云科技在科创板上市，中控技术2020年11月在科创板上市。

平台建设得到新提升。面向集群产业链关键核心技术需求，建设一批新型研发机构，鼓励集群企业采取多种形式与高校、科研机构合作建立研发中心、设计中心和工程技术中心，着力提升集群产业创新能力和产业链现代化水平。成功推动以数字安防为主体的网络信息技术产业创新服务综合体和集成电路设计与测试产业创新服务综合体纳入省级创建名单。集群研发机构由2014年的127个增加到2019年的186个，企业技术中心由65个增加至95个，博士后科研工作站由13家增加到26家。集群高能级研发创新平台加快集聚，2019年拥有国家工程研究中心3个、国家工程实验室1个、省级及以上工程技术研究中心6个、省级及以上重点实验室2个、新型产业研究机构28个、院士工作站11个、外资研发机构5个、研究院所2个、各类大学7家。

产学研合作加速推进。2019 年高新区启动区校联系工作机制，进一步加强区校全方位、多领域合作，推动产学研协同，稳步推进大院名校工程。北航杭州创新研究院已从签约落地到创新成绩初显，入选省重点新型研发机构，联合区内企业设立实验室 10 个、开展科研项目 18 个、设立产业化公司 3 家，北京航空航天大学杭州创新研究院已经开工建设。按照“引进高校院所，就是引进创新源头”的招商理念，通过科技招商方式，加强校地合作，与浙江工商大学等 4 所高校合作设立产学研联盟中心；2019 年完成与中国计量大学区校合作协议的签约，与浙江工业大学、浙江理工大学、杭州电子科技大学达成区校合作初步意向。浙江省鲲鹏生态创新中心 2020 年落地东方通信科技园，助力杭州高新区 ICT 等国产信创技术的研发和产业新业态发展，华为联合东方通信、东华软件、新华三集团开展了基于鲲鹏服务器、个人计算机、工控机等的研发与生产，助力高新区数字安防产业发展。

关键核心技术实现突破。立足国产自主可控，高新区围绕“卡脖子”技术实施“芯海计划”，开展芯片技术开发研究，主攻以新一代信息技术为支撑的数字安防产业“卡脖子”技术，北京航空航天大学杭州创新研究院开展的磁屏蔽技术，打破国外的市场垄断。区内龙头企业聚焦浙江发展重大需求，着力加强产业前瞻性技术研发和重大共性关键技术攻关，实施的技术攻关项目择优列入省重大科技项目，如海康威视开展的“自主安全数字安防高性能智能服务器研发”、新华三集团开展的“云计算安全及服务系统研发及应用——云安全防护系统”等重点研发项目。大华股份自主研发了包括 HDCVI 芯片、人工智能芯片等多款芯片产品，已实现量产并商用。近日，紫光股份 5G 网络应用关键芯片及设备研发项目正式落地，该项目将进一步提升杭州高新区（滨江）在 5G 芯片和相关设备方面的研发和制造能力，助力数字安防产业集群式发展。

品牌培育取得新成效。杭州高新区是全球数字安防集群品牌建设核心集聚地，其视频监控产品如 DVR、NVR、摄像机等产销量长期占据全球市场前三位。近年来，尤其把品牌示范作为推进品牌战略的重要抓手，精心部署并不断推进申报创造工作，高新区数字安防产业集群品牌知名度进一步提升。2019 年，全国驰名商标 6 件、浙江省商标品牌示范企业 9 家，示范企业总数居全市第一。以企业为代表的品牌建设成效显著，大华股份连续 13 年入选《A&S》“全球安防 50 强”，2018 年、2019 年连续 2 年霸占全球前二；连续8年（2012～2019年）IHS全球视频监控市场占有率保持前二；连续13年荣获中国安防十大品牌，是视频监控行业首批德国莱茵TüV认证的企业，是中国智慧城市建设推荐品牌和中国安防最具影响力的品牌。宇视科技2019年稳居全球视频监控市场第4位，中国市场稳居第3位。

案例2－23　坚持创新驱动发展，产业规模及效益显著
——柳州高新区汽车整车及关键零部件创新型产业集群

柳州高新区汽车整车及关键零部件创新型产业集群坚守初心、践行使命，坚持创新驱动发展战略，砥砺前行，建立了以上汽集团、中国一汽、东风、重汽运力四大整车企业为龙头的汽车全产业链体系，成效显著。2019年集群汽车整车年产能287万辆，汽车零部件本地配套率达60%。营业收入总额1570.16亿元，集群产业中各类企业上缴税费额总和61.83亿元，年度集群产业中各类企业净利润占工业总产值的比值为1.59%。集群企业620家，其中规模以上企业312家，重点企业201家，高新技术企业140家，集群产业人员67597人。

培育千亿级的汽车整车及零部件产业。截至2020年6月，集群拥有百亿规模以上企业4家、10亿规模以上企业12家、亿元以上企业65家。拥有年产300万辆汽车生产能力，达产达标能达到3000亿元的年产值。2019年工业总产值近2000亿元。依托与东南亚国家联盟国家山海相连的广西具有得天独厚的区位优势，以及上汽通用五菱在印度尼西亚投资建厂的契机，打造面向东盟市场的出口基地，出口创汇17.61亿元。

打造国内领先的新能源汽车创新基地。截至2020年6月已经组建国家级工程技术研究中心1个，国家级企业技术中心1个，省级以上工程研究中心和企业技术中心63个。研发新能源汽车有E200、E300、风行菱智M5EV、风行S50EV、风行T1EV、氢燃料电池MPV—风行CM7FCEV等，新能源汽车及部件新产品远超400项；申请各类专利已达1070项，新认定高新技术企业84家，2019年五菱宏光连续9年蝉联国内MPV细分市场销量冠军。宝骏新能源系列产品累计销售60050辆，连续6个月蝉联新能源细分

市场销量冠军。柳州高新区还拥有“乘龙”“风行”乘用车、特种汽车等在国内外具有较高知名度和较为著名的区域品牌。

集群已初步建成汽车产业支撑体系。2019 年 12 月，国家汽车质量检验中心（广西）建设顺利通过国家市场监督管理总局现场验收。国家汽车质量检验中心（广西）筹建前后历时 7 年，先后完成了新能源汽车、整车、发动机、电磁兼容、零部件、汽车安全六个专业试验室及配套基础设施建设，检验检测能力达到国内先进水平，范围涵盖 4 个领域、27 个检测类别、311 个参数（项目）、191 个标准，具备了在整车领域 2 个类别、新能源汽车 10 个类别、发动机领域 1 个类别、汽车安全领域 14 个类别的检测能力，标志着国家汽车质量检验中心（广西）作为广西首家国家级第三方汽车检验检测机构，迈入全国汽车检验检测领域的先进行列，为广西汽车产业的转型升级和高质量发展提供有力的技术支撑。以企业化、市场化模式运作，边建边调整、边建边运营，国家汽车质量检验中心（广西）在实践探索中不断丰富经验，为联合汽车电子、上汽通用五菱、东风柳汽、玉柴集团、柳工集团等提供了检验检测技术服务，以先进的硬件技术、高水平的科研能力得到市场的认可。从 2020 年开始，国家汽车质量检验中心（广西）启动了二期项目技术规划，更好地服务于新能源、智能化、无人驾驶等最新汽车技术，逐步开展智能网联及无人驾驶汽车、汽车主动安全、汽车实车碰撞等试验能力建设，为下一步广西汽车产业发展壮大提供技术保障。

案例 2－24　产业链条不断延伸，集群效应逐渐显现
——天津基于国产自主可控的信息安全产业集群

天津高新区基于国产自主可控的信息安全产业集群着力攻克关键核心技术，大力提升产业创新能力，积极引育先进企业项目，创新发展模式，使产业集群化、生产链条化、要素集聚化、布局园区化，积极发展集群经济，产业规模持续壮大、产业链条不断延伸，集群效应逐渐显现。

企业高度聚集，产业结构进一步优化。2019 年，天津高新区基于国产自主可控的

信息安全产业集群集聚企业1591家，共分为13个行业大类。其中，软件和信息技术服务业共1281家，占比80.5%；以中科曙光、飞腾、麒麟、海光、360、紫光云、天地伟业、南大通用、中环半导体为代表的规模以上企业146家。集群内第三产业企业数占比76.3%，较2018年提高3.3个百分点；第三产业增加值88.00亿元，较2018年提高1.0个百分点。集群内企业和服务机构从业人员29533人，同比增长13.5%。集群上缴税费总额为208671.05万元，同比增长26.1%。

经济效益显著提升，高新技术产业发展迅速。2019年，实现人均营业收入196.62亿元，同比增长14.8%；增加值率达20.9%，较2018年提升1.5个百分点。产业集群内营业收入超过10亿元企业9家，超过1亿元小于10亿元企业44家，同比增长25.7%。第三产业营业收入较2018年增长43.0%，增加值率为21.8%，与2018年持平，第二产业增加值率为18.7%，较2018年增加3.6个百分点，产能效益持续增长。产业集群出口总额同比增长16.9%，技术服务出口额占出口总额比重达36.4%，较2018年提高24.2个百分点，国际竞争力不断提高。产值1932822.05万元，同比增长25.6%；净利润率为9.0%，同比增长1.7个百分点；营业收入平均增长率为28.1%。

龙头企业带动作用凸显，产业链条加速完善。天津高新区围绕集群重点发展领域的补链、强链及生态建设需求，陆续引培了一批具有市场竞争优势的龙头企业，产业链不断延伸。形成了产业链前端有飞腾、麒麟、360，下游有中科曙光，配套端有华为、腾讯、天地伟业等支柱企业，构建了涵盖“材料＋芯片＋整机＋软件＋服务”的产业体系，在自主可控信息产业形成了I/O设备、CPU、操作系统、数据库、服务器、整机系统和超算应用为一体的完整产业链条。

创新主体快速发展，企业梯度培育成效凸显。集群内国家级高新技术企业123家，国家科技型中小企业113家，独角兽企业1家，瞪羚企业11家，战略性新兴产业领军企业37家，雏鹰企业30家，拥有研发机构企业较2018年增加3家，创新型主体集聚态势良好。

创新平台支撑作用显现，产业集群快速发展。天津高新区不断增加扶持力度，引进了中科曙光国家先进计算产业创新中心、华为鲲鹏创新中心、腾讯互联网数据中心（IDC）等一批重大协同创新平台。截至2019年，集群共拥有企业技术中心9家，国家级工程技术研究中心1家，天津市企业重点实验室5家，均由曙光信息产业股份有限公司、天地伟业技术有限公司、天津神舟通用数据技术有限公司、汉柏科技有限公司等龙头企业主体承担，研发平台创新作用逐步显现；建有天津先进技术研究院、浙江大学滨海产业技术创新研究院2家新型研发机构，科技成果孵化转化成效明显；搭建创通票线上服务平台，2019年累计发放创通票超过1200张，支持企业超过550家，累计兑现金额超过1600万元，为天津市培育新动能提供了积极支撑。

集群研发投入日益增强，科技成果不断丰富。2019年，产业集群企业科技投入强度达3.8%，万人申请专利220件，较2018年增加47件；万人发明专利授权数达86件，较2018年增加45件，其中紫光云专利授权数123件；每万人拥有注册商标255件，同比增长4.5%；每万人拥有软件著作权1183件，同比增长6.3%。企业科技活动费用经费内部支出218054.43万元，同比增长14.8%。

科技人才队伍加速引聚，核心技术不断突破。集群不断引进、培养造就大批优秀科技人才，科技队伍不断强化。2019年集群从业人员中研究生以上学历占比8.5%，较2018年提高0.4个百分点；其中博士学历人数占比6.6%，较2018年提高1.2个百分点；产业集群科技活动人员占比33.5%，较2018年提高0.9个百分点。集群内一批重点企业拥有领先科技成果，在关键技术攻关、成果产出与应用等方面示范带动作用显著。飞腾研制成功FT-2000/64核CPU，标志着其已全面掌握自主知识产权高性能微处理器芯片设计的核心技术，FT-1500A高性能通用64位微处理器及应用荣获2019年国家科技进步一等奖；银河麒麟操作系统是目前已投入实际使用的国产操作系统，基于新一代“麒麟+飞腾CPU”的低耗高性能系列品牌电脑终端和服务器已在国家自主安全可控的信息系统建设中发挥着核心作用；天津麒麟信息技术有限公司参与申报的项目荣获2018年国家科技进步一等奖；中科曙光“星云”高性能计算机，是世界上第三台实测性能超千万亿次的超级计算机。其他科技成果也已投入产业化应用，集群创新能力突出。

第四节　集群治理

科技创新治理体系和治理能力现代化是国家治理体系和治理能力现代化的重要内容。当前，科技创新已进入空前密集活跃的时期，引领着产业创新进入集群化创新时代。作为致力于产业创新的创新型产业集群，其治理体系的不断形成与完善已成为集群建设的重大任务之一。

随着全球科技创新的快速发展，传统的创新管理体系已经越来越难以适应当今世界科技创新发展的需要。科技创新治理体系是实现科技创新的各要素以及相关体制、机制、政策、措施等子系统组成的整体，包括科技创新组织系统、科技创新监管系统、科技创新服务系统以及科技创新制度系统等。其目的就是要依靠社会多元的共同参与，通过协调和整合各部门、各主体、各要素、各环节，提高创新效率、降低创新成本，促进科技创新与经济社会的协同发展。同样地，创新型产业集群的形成与发展更需要不断完善集群治理。学术界普遍认为，对于包括创新在内的人类活动，其治理方式可基本概括为三类，即行政治理、市场治理和社群治理。三种治理方式既各自发挥重要作用，又离不开相互间的协同作用。创新型产业集群的创新驱动属性和新经济动能特征，更加决定了其治理方向必然朝向不断完善的协同治理。

推进协同治理是当前我国创新治理体系现代化的主攻方向。随着当今世界科技创新越来越具有“分布式”的特点，科技创新的复杂程度、参与主体、涉及领域的不断增多，如何充分调动科技创新各主体的积极性、主动性，提高科技创新的效率，成为科技创新发展中的关键问题。科技创新治理的核心理念就是实现对创新资源的协调利用，其目的就是要通过统筹考虑创新基础设施、创新资源、创新活动、创新环境及开放创新体系建设，将社会各界都纳入科技创新的体系之中，形成以政府、科学共同体、企业、社会组织、公众等共同参与的创新群体，这不仅可以提高各创新主体的积极性，也将大大提升科技创新的整体效率。

使市场在资源配置中起决定性作用，更好发挥政府作用，这是党的十八大以来我国对社会主义市场经济规律认识的一个新突破，是习近平新时代中国特色社会主义思想的重要内容。创新型产业集群协同治理的基石就在于正确处理好政府、企业、社会三者的关系。现代产业经济的飞速发展，如5G应用、物联网、人工智能、生物技术等，早已超出传统产业发展范式，而与广泛应用场景、大规模社会人群、大范围经济社会事件紧密相连，只有通过有效协同治理，才能为集群创新开辟广阔的发展空间。

国家创新型产业集群在发展过程中不断加深着对集群治理的认识，在政府组织引导、政策体系建设、产业集群发展规划、考核评估体系构建等方面进行了大量探索和实践。

突出顶层设计，加强布局规划和体系建设。按照国家战略与地方需求相结合、政府引导与市场主导相结合、科技创新与产业发展相结合、自主培育与扩大开放相结合的原则，创新型产业集群围绕产业发展需求，从优化布局、产业定位、强化特色等方面制定集群规划和战略，立足基础、突出特色、发挥优势、差异竞争、科学合理布局以促进集群升级发展。同时，建立并完善集群治理绩效评价体系，设置竞争力、创新能力、可持续发展能力等指标，对集群治理绩效进行综合评价，促进集群治理能力提升。

强调综合施策，组合运用各级各类政策工具。创新型产业集群充分整合现有政府工具，综合运用财政、税收、土地、金融、贸易以及科技项目、基地、人才、评价等政策，积极构建以企业为中心、服务精准化、支持全过程的创新创业政策体系，从企业梯次培育、区域协同创新、服务体系建设、人才支持等方面给予全方位支持，推动集群内部协同创新、融通发展。

以科技金融为推手，完善企业金融服务体系建设。集群以“融合创新、重点突破”为原则践行金融服务实体经济的要求，通过打造集群综合金融服务平台、完善涵盖企业全生命周期的科技金融服务体系、建立层次分明的服务机制、创新融资产品等方式，以“推上市、引创投、建体系、促对接”为主线，全面加强对中小微企业的金融服务。

完善人才引进和培育机制，培育聚集人才。强化人才战略，构建符合集群发展特点的人才评价方式，探索建立人才柔性工作支持政策，营造尊重知识、尊重人才、尊重创造的社会风气，为人才的成长提供宽广的舞台。

一些国家高新区紧紧围绕产业链部署创新链、围绕创新链布局产业链，主动集成创新政策、产业政策，积极探索推动主导产业集群化发展的综合性体制机制。如浙江、湖南、河北、山东等多省积极推进产业链链长制下沉，相关高新区在深入落实链长制、培育"链主企业""揭榜挂帅"补链强链、以产业链为基础发展产业体系等方面进行了多项探索。中关村实施"高精尖产业强链工程"；济南高新区、青岛高新区等以"事业部体制"推动集群发展；长沙高新区上线"产业链供应链云平台"；成都高新区以"业界共治理事会"推进集群协同治理，在多方面形成了依靠体制机制创新，不断提升创新型产业集群治理能力的有益探索。

案例2－25　以业界共治探索集群治理新模式
——成都数字新媒体创新型产业集群

成都高新区在集群治理中分领域分行业启动组建业界共治理事会，探索了集群协同治理新模式，并将业界共治创新机制作为成都高新区重大改革攻坚事项，力争在业界深度参与产业发展战略决策、业界自我管理和自我服务以及激发管理委员会内部活力等方面形成突破。

业界共治，其本质就是在充分发挥行政治理和市场治理协调作用的基础上，把社群治理纳入集群治理的协同圈，三者共同发挥作用促进创新的协同治理效应。成都高新区通过分领域分行业组建业界共治理事会，具体落实业界共治机制。首批组建的理事会包括大数据和网络安全业界共治理事会、网络视听和数字文创业界共治理事会、5G和人工智能业界共治理事会。

1. 目标定位

业界共治理事会构建了由政府、企业界、市场、专家等多方参与、共同治理的产业发展新模式，促进区域内市场主体从被管理、被服务的对象转变为自我管理、自我服务的主体，提高资源配置效率，丰富企业服务手段，推动相关产业快速突破。

理事会作为政府、市场、社会主体多元参与的公共议事平台，注册为民办非企业单位，致力于移动互联网、大数据、数字文创、5G等产业持续繁荣发展，促进政府部门管理服务方式创新，通过市场化运作的方式，建立更加灵活开放的用人机制，增强对人才的吸引力，提高管理和服务的专业化、国际化水平。

2. 主要职能

理事会具有规划编制、政策制定、企业服务、项目促进、生态营造五大职能。具体包括：提出规划草案、评审规划修订稿、评估规划效果；提出政策草案、评审政策修订稿、项目受理和监督、评估政策效果；搭建沟通平台、调研企业情况、收集企业问题、统计行业数据、协调解决问题；提供项目来源、挖掘项目潜力、参与项目投资、提供项目论证报告、促进项目实施；顶尖人才招聘、企业融资、行业互访、国际国内交流交往、行业发展报告发布等。

3. 组织构成

理事会由理事长1名、常务理事15名（其中高校院所、中介机构、行业协会代表不超过1/3）和60名以上理事组成。理事由业界企业、高校院所、中介机构、行业协会等相关人员构成，通过业界推荐、自荐等环节酝酿协商产生。另聘任秘书长1名、副秘书长1~2名、专职工作人员若干，负责日常工作开展和管理。

4. 活动形式

理事大会：由理事长负责召集，审议理事会章程及各项管理制度，选举理事长、常务理事等。

常务理事会：审议会员加入或退出申请，制定年度财务预算，审议理事会各项决议等。

专题评估会：围绕成都高新区相关产业规划、产业政策建言献策，形成表决意见和评估报告。

项目论证会：针对高新区相关产业重大项目的引进和实施进行专业评估。

私董会活动（主题沙龙）：由秘书长负责召集，定期举办，所有常务理事参与，邀请相关成员参加，交流前沿技术和最新行业动态，知名行业专家和企业领袖案例分享，对当前须解决的各类疑难问题进行头脑风暴。

其他特色活动：组织行业交流、人才招募、专业培训、投融资对接、市场开拓等特色活动。

5. 保障措施

成都高新区管理委员会为业界共治理事会的正常运转提供组织、经费和场地保障。理事会秘书长列席有关办公会和重要专题会议，参与相关议题决策，工作人员与职能业务局合署办公。理事会采取“政府资助＋理事会自筹”的资金保障方式，每年由理事会制定预算，报成都高新区管理委员会审议通过，成都高新区每年匹配最高1000万元专项资金。高新区政府载体会议场地可用于理事会各类活动开展。

社群治理机制的实现可以有多种模式，成都高新区的业界共治理事会只是其中一种，其他还包括各种正式和非正式社群，如协会、联盟、网络等。成都高新区理事会模式的优点在于，理事会本身是高度实体化的，并且与政府和市场均形成强关系网络，使理事会从制度设计上就具有较强的行政嵌入性和市场行动力，为不断提升集群创新效率打下了基础。

第三章 创新型产业集群年度评价

为全面落实《关于深入推进创新型产业集群高质量发展的意见》中有关强化创新型产业集群评价、以评促建的工作要求，为下一步重点布局建设100个国家创新型产业集群，推进创新型产业集群高质量发展打好工作基础，依托创新型产业集群火炬统计体系，对现有创新型产业集群开展了评价工作。

评价工作主要依据《创新型产业集群试点认定管理办法》《关于深入推进创新型产业集群高质量发展的意见》和《关于开展创新型产业集群总结评价工作的通知》，严格执行公开、公正、透明的原则，评价标准与流程公开，依据《创新型产业集群评价指标体系》，以2019年为基准评价年度，对有合规火炬统计数据的现有108个创新型产业集群进行了评价。其中非定量指标部分，主要依据集群建设总结报告，组织专家评价打分产生（个别未提交总结者按零分计）；定量指标部分，完全依据创新型产业集群火炬统计数据计算得出，确保公正、客观、可核查。

具体计算使用WPS表格软件。定量数据计算选取极值法（离差标准化法）对原始数据进行标准化和无量纲化处理，再进行加权求和得到评价分数。非定量指标的专家打分过程严格执行专家评审制度，从专家库中随机抽取30位专家，每个集群有3位专家打分，取其平均值作为最后得分，创新型产业集群评价指标体系如表3－1所示。

表 3－1　创新型产业集群评价指标体系

一级指标	权重	二级指标	权重	三级指标	权重
发展环境	0.2	发展位势	0.40	纳入省级政府或部门产业发展规划	0.5
				纳入地方政府或高新区年度工作计划	0.5
		政策措施	0.40	支持集群建设的政策措施	0.4
				支持集群建设的工作推进体系	0.6
		社会环境	0.20	公共服务能力	0.5
				创新创业活动	0.5
集群产业	0.5	产业规模	0.35	营业收入*	0.4
				实际上缴税费总额*	0.2
				集群企业总数*	0.2
				集群人员总数*	0.2
		产业效益	0.30	营业收入净利润率	0.5
				营业收入平均增长率	0.5
		产业创新	0.35	高新技术企业占比	0.2
				企业科技活动经费支出占比	0.3
				人均拥有知识产权数	0.3
				当年形成标准数	0.2
创新服务	0.3	企业培育	0.35	国家级孵化器和国家备案众创空间数*	0.6
				在孵企业数*	0.4
		技术研发	0.40	研发机构数*	0.4
				创新服务机构数*	0.3
				产业联盟组织数*	0.3
		金融服务	0.25	金融服务机构数*	0.6
				当年获得的风险投资额*	0.4

注：* 为已纳入创新型产业集群火炬统计的统计项，其余定量指标由统计项计算可得。

第一节　综合评价

依据创新型产业集群评价指标体系，计算得出了各创新型产业集群的综合评价分数。从评价得分的情况看，与往年相比，综合评价分数数据平滑度提高，离散度较小，得分平均值为61.64；平均绝对偏差最大值为5.79，最小值为5.41，差异不大，评价效度明显增强。在总体评价得分平均值以上的46家创新型产业集群的排序如表3-2所示。

表3-2 得分在平均值以上的46家创新型产业集群的排序

排序	集群名称	得分
1	深圳高新区下一代互联网创新型产业集群	97.99
2	杭州数字安防创新型产业集群	83.85
3	中关村移动互联网产业集群	79.84
4	成都数字新媒体创新型产业集群	79.35
5	大连信息技术及服务创新型产业集群	78.52
6	西安泛在网络技术创新型产业集群	77.17
7	温州激光与光电创新型产业集群	75.03
8	惠州云计算智能终端创新型产业集群	72.21
9	大连高端工业软件创新型产业集群	71.45
10	石家庄药用辅料与制剂创新型产业集群	70.64
11	东莞机器人智能装备创新型产业集群	70.00
12	青岛机器人创新型产业集群	69.38
13	长春汽车电子创新型产业集群	68.36
14	丰台轨道交通产业集群	68.32
15	无锡高新区智能传感系统创新型产业集群	67.48
16	昆山小核酸创新型产业集群	67.28
17	重庆电子信息创新型产业集群	67.25
18	武汉东湖高新区国家地球空间信息及应用服务创新型产业集群	67.23
19	保定新能源与智能电网装备创新型产业集群	66.99
20	上海漕河泾知识型服务业产业集群	66.38
21	苏州高新区医疗器械创新型产业集群	65.90
22	泰州生物医药创新型产业集群	65.61
23	厦门火炬高新区软件和信息服务业产业集群	65.53
24	长沙电力智能控制与设备创新型产业集群	65.40

续表

排序	集群名称	得分
25	沈阳生物医药和健康医疗创新型产业集群	65.39
26	武进高新区机器人及智能装备创新型产业集群	65.24
27	郑州高新区智能仪器仪表创新型产业集群	65.24
28	济宁高效传动与智能铲运机械创新型产业集群	65.15
29	佛山口腔医疗器械创新型产业集群	65.03
30	广州个体化医疗与生物医药创新型产业集群	64.87
31	珠海智能配电网装备创新型产业集群	64.78
32	宝鸡高新区钛创新型产业集群	64.70
33	苏州纳米新材料创新型产业集群	64.70
34	芜湖新能源汽车创新型产业集群	64.66
35	昆明高新区生物医药产业集群	63.89
36	中山健康科技创新型产业集群	63.36
37	临沂电子元器件及其功能材料创新型产业集群	63.18
38	南宁亚热带生物资源开发利用创新型产业集群	63.10
39	金桥移动互联网视频产业集群	62.90
40	上海新能源汽车及关键零部件创新型产业集群	62.72
41	天津基于国产自主可控的信息安全产业集群	62.50
42	合肥基于信息技术的公共安全创新型产业集群	62.45
43	南昌高新区生物医药创新型产业集群	62.43
44	厦门海洋与生命科学产业集群	62.37
45	蚌埠新型高分子材料产业集群	62.21
46	天津高新区新能源创新型产业集群	62.16

整体来看，综合评价结果呈现以下特点：一是信息技术产业优势明显。前十名绝大部分为新一代信息技术或其衍生产业集群，并且位于国家高新区，显示出信息技术产业在国家高新区的优势产业地位和信息技术产业的强大渗透性。生物医药和智能装备产业紧随其后，发展势头迅猛。二是集群排序与所在高新区或城市发展状况基本相符，集群产业创新的规模、效益与综合经济社会发展环境关联度很大。三是一些地方

紧紧围绕具有自身禀赋优势的产业，坚持不懈培育细分领域产业集群，逐渐体现出较强的后发优势，增长势头良好。

综合评价结果反映出创新型产业集群总体上呈现出良好的发展态势。

（1）创新网络不断健全，促进了国家高新区提升创新能力，迈向高质量发展。截至2019年底，集群建设单位已建立294个产业技术创新联盟、865个科技企业孵化器、125个生产力促进中心、335个技术转移机构、309个产品检验检测机构，并拥有各类研发机构5360家、科技金融服务机构2196家、知识产权服务机构631家、技工学校291所。集群从业人员总数达423万人，大专及以上人员占比超过60%。创新网络的初步形成，为集群发展打下了良好基础，也有力地促进了国家高新区主导产业不断壮大，发展新动能优势凸显。

（2）着力大中小企业融通发展、创新发展，促进了国家高新区产业不断升级。据统计，2019年集群企业总数为23638家，其中，高新技术企业占集群企业总数的比重达到47%，年营业收入超亿元企业占比20%，超10亿元企业805家；科技企业孵化器在孵企业6967家，上市及挂牌“新三板”企业1525家，初步形成创新驱动、龙头引领、中小企业共聚的融通发展态势。集群企业拥有有效发明专利20.19万件，认定登记的技术合同成交金额966亿元，当年形成国内外行业标准1191项，当年获得风险投资总额634亿元。集群已成为国家高新区产业创新与不断升级的强大引擎。

（3）推进各方协同创新，创新型产业集群规模效益不断提升。通过围绕产业链部署创新链，围绕创新链布局产业链，推进创新链和产业链融合互动，并大力推进集群创新资源协同，把集群纵向产业技术联盟和横向创新协同联盟结合起来，充分发挥协同创新优势，有力促进了国家高新区高新技术产业的集群化发展，集群规模效益不断提升。2019年产业集群企业营业总收入达5.75万亿元，实际上缴税费总额3094亿元；在集群总数不变的情况下，全部集群的三年营业收入平均增长率达到39%，平均收入净利润率达到6%，发展态势良好。

第二节 分指标项评价

依据创新型产业集群评价指标体系，对各一级指标项进行分指标项评价。

一、发展环境

一级指标“发展环境”为定性指标项，主要描述支持创新型产业集群建设的综合软环境，包括发展位势、政策措施、社会环境3个二级指标。

在专家评价打分中，杭州高新区、中关村科技园区丰台园等将集群建设充分纳入区域发展规划予以重点保障；温州市等为集群产业发展打造了良好的政策平台；杭州高新区等通过双创激发集群产业发展活力，这些都受到评价专家的好评。

在该指标项评价中，得分排名在前10位的创新型产业集群如表3-3所示。

表3-3 发展环境指标排名前10位的创新型产业集群

排序	集　群
1	杭州数字安防创新型产业集群
2	丰台轨道交通产业集群
3	温州激光与光电创新型产业集群
4	重庆电子信息创新型产业集群
5	佛山口腔医疗器械创新型产业集群
6	上海新能源汽车及关键零部件创新型产业集群
7	武进高新区机器人及智能装备创新型产业集群
8	中山健康科技创新型产业集群
9	大连高端工业软件创新型产业集群
10	闽东中小电机创新型产业集群

二、集群产业

一级指标“集群产业”重点评价创新型产业集群的产业发展情况，在综合评价中权重较大，包括产业规模、产业效益、产业创新3个二级指标。

从该指标项得分排序情况来看，信息技术产业优势和城市区位优势比较明显，凭借这两方面优势，相关集群的产业规模大、创新能力强。例如，昆山小核酸创新型产业集群等集群，尽管规模不大，但细分产业集中、成长速度快、产业效益良好，评价排名也相对靠前。郑州高新区智能仪器仪表创新型产业集群在产业创新指标评价中排名第一，主要是该集群围绕从传感技术、智能仪表技术、系统解决方案到信息安全保障技术的完整产业链，悉心布局完备创新链，取得了显著的创新绩效。

在该指标项评价中，得分排名在前10位的创新型产业集群如表3－4所示。

表3－4　集群产业指标排名前10位的创新型产业集群

排序	集　群
1	深圳高新区下一代互联网创新型产业集群
2	中关村移动互联网产业集群
3	成都数字新媒体创新型产业集群
4	昆山小核酸创新型产业集群
5	杭州数字安防创新型产业集群
6	郑州高新区智能仪器仪表创新型产业集群
7	大连信息技术及服务创新型产业集群
8	厦门火炬高新区软件和信息服务业产业集群
9	武汉东湖高新区国家地球空间信息及应用服务创新型产业集群
10	温州激光与光电创新型产业集群

三、创新服务

一级指标“创新服务”主要就创新型产业集群服务于集群产业发展的服务机构、服务能力等进行评价，也可以部分观察集群创新创业生态建设情况，包括了企业培育、技术研发、金融服务3个二级指标。

从该指标项得分排序情况来看，集群产业规模与创新服务能力间有正相关关系，而且，产业链条长、产业链构成复杂的集群，更依赖于较完备的创新服务生态。青岛机器人创新型产业集群和东莞机器人智能装备创新型产业集群两个机器人集群在新创企业培育指标上名列1、2位，反映了工业机器人产业在发展上的巨大潜力和国内该领域产业链正加速完善的现实。深圳高新区下一代互联网创新型产业集群、杭州数字安防创新型产业集群两集群技术研发能力突出，已初步形成较完备的产业创新生态。中关村移动互联网集群的金融服务指标排名居前，既说明了移动互联网产业对创投资本的依赖性较强，也反映出科技金融支持高新区发展的巨大作用。

在该指标项评价中，得分排名在前10位的创新型产业集群如表3-5所示。

表3-5　创新服务指标排名前10位的创新型产业集群

排序	集　群
1	杭州数字安防创新型产业集群
2	西安泛在网络技术创新型产业集群
3	大连信息技术及服务创新型产业集群
4	深圳高新区下一代互联网创新型产业集群
5	石家庄药用辅料与制剂创新型产业集群
6	青岛机器人创新型产业集群
7	长春汽车电子创新型产业集群
8	温州激光与光电创新型产业集群
9	成都数字新媒体创新型产业集群
10	中关村移动互联网产业集群

第三节　分产业评价

按照国家统计局《战略性新兴产业分类（2018）》，创新型产业集群产业类别可划分为新一代信息技术产业、高端装备制造产业、新材料产业、生物产业、新能源汽车产业、新能源产业、节能环保产业、数字创意产业和相关服务业共9类。本节对创新型产业集群分布数量较多的新一代信息技术产业、高端装备制造产业、新材料产业、生物产业4类集群进行分产业评价。

一、新一代信息技术产业

此产业类创新型产业集群总数为18家，从规模上看在集群整体中占有较大比重，其中深圳高新区下一代互联网创新型产业集群、杭州数字安防创新型产业集群、中关村移动互联网产业集群3个领先集群在产业创新上各有侧重。结合相关集群年度总结报告来看，此类集群基本涉及全产业链。其中，网络设备制造及网络运营服务、互联网与云计算、大数据服务等已形成较完备的产业生态；工业互联网设备及服务近年来增长很快，已成为当前加速推进智能制造、智能工厂的主要创新着力点；基础电子材料与元器件生产已具规模，但高端产品难以生产，相关专用设备无法提供；应用层软件基本满足需求，支撑软件市场竞争力逐步提高，基础软件尚需努力，但整体产业链较完备；人工智能产业链较完备，产业链总体水平大致与国际同步；芯片制造及专用设备已成为国家布局、投资重点，但尚未形成集群化发展态势。

在该产业类评价中，得分排名在前10位的创新型产业集群如表3－6所示。

表3－6　新一代信息技术产业中排名前10位的创新型产业集群

排序	集　群
1	深圳高新区下一代互联网创新型产业集群
2	杭州数字安防创新型产业集群
3	中关村移动互联网产业集群
4	大连信息技术及服务创新型产业集群
5	西安泛在网络技术创新型产业集群
6	惠州云计算智能终端创新型产业集群
7	大连高端工业软件创新型产业集群
8	无锡高新区智能传感系统创新型产业集群
9	重庆电子信息创新型产业集群
10	厦门火炬高新区软件和信息服务业产业集群

二、高端装备制造产业

此产业类创新型产业集群数量较多，总数达25家，但单个集群规模有限。工业机器人产业近年来发展较快，相关集群规模与创新能力均有所提升。从相关产业链来看，专用设备与基础零部件总体上具备较完整的产业链，但高精度、智能化关键部件研发生产能力弱，使高端机床、工业机器人等产业链仍存在严重堵点、难点。此产业类集群应是集群发展的长期重点，应努力开发智能化应用场景，依靠信息化、智能化牵引高端装备制造产业提升创新能力，也要进一步加强创新型产业集群间的创新协同，引导同业企业联手破解共性关键核心技术。

在该产业类评价中，得分排名在前10位的创新型产业集群如表3－7所示。

表3－7　高端装备制造产业中排名前10位的创新型产业集群

排序	集　群
1	温州激光与光电创新型产业集群
2	东莞机器人智能装备创新型产业集群
3	青岛机器人创新型产业集群
4	丰台轨道交通产业集群
5	武进高新区机器人及智能装备创新型产业集群
6	郑州高新区智能仪器仪表创新型产业集群
7	济宁高效传动与智能铲运机械创新型产业集群
8	邯郸现代装备制造创新型产业集群
9	景德镇直升机制造创新型产业集群
10	洛阳高新区轴承创新型产业集群

三、新材料产业

此产业类创新型产业集群总数为14家，这些集群大多在细分产业领域高度聚焦主业，形成自然资源或核心技术的独特优势，在细分市场上具有较高市场占有率，发展速度虽较有限但稳定健康。从相关创新型产业集群年度总结来看，钢铁及有色金属材料已具备较强生产能力，但一些高端电子材料、合金材料尚需努力。石化化工材料、无机非金属材料、纤维及复合材料具备较强生产基础，但一些膜材料、电子专用材料、高端复合材料等与国外同类产品相比尚有较大差距。增材、超导、医用等前沿新材料领域总体上差距较大，应在这些领域进一步加强集群布局建设力度。

在该产业类评价中，得分排名在前10位的创新型产业集群如表3－8所示。

表3－8　新材料产业中排名前10位的创新型产业集群

排序	集　群
1	宝鸡高新区钛创新型产业集群
2	苏州纳米新材料创新型产业集群
3	临沂电子元器件及其功能材料创新型产业集群
4	蚌埠新型高分子材料产业集群
5	江阴特钢新材料创新型产业集群
6	大庆高新区石油化工创新型产业集群
7	包头稀土高新区稀土新材料创新型产业集群
8	清远高性能结构材料创新型产业集群
9	上海精细化工产业集群
10	滨州高端铝产业集群

四、生物产业

此产业类创新型产业集群数量较多，达25家，这些集群大多发展速度较快，产业创新能力日益增强。生物医药类集群整体发展水平较高，产业链较为完整，新药创制进步很快，在国内医药及医疗器械类集群（园区）中已占有重要地位。生物农业和生物质能产业总体上也具备较强的生产能力。医疗设备、器械及其耗材产业相对集中于中低端产品，高端产品从研发到生产均尚有较大差距，难以满足国内加速推进医疗普惠化的需求，但近年来，作为我国医疗器械行业份额最大的细分板块——医学影像科设备及耗材，在国家高新区已有较强的产业布局，可望成为突破高端医疗设备产业的首发产品群。

在该产业类评价中，得分排名在前10位的创新型产业集群如表3－9所示。

表 3－9　生物产业中排名前 10 位的创新型产业集群

排序	集　群
1	石家庄药用辅料与制剂创新型产业集群
2	昆山小核酸创新型产业集群
3	苏州高新区医疗器械创新型产业集群
4	泰州生物医药创新型产业集群
5	沈阳生物医药和健康医疗创新型产业集群
6	佛山口腔医疗器械创新型产业集群
7	广州个体化医疗与生物医药创新型产业集群
8	昆明高新区生物医药产业集群
9	中山健康科技创新型产业集群
10	南宁亚热带生物资源开发利用创新型产业集群

第四节　分区域评价

根据《中国火炬统计年鉴 2020》，东部、中部、西部和东北地区的具体划分为：东部地区包括北京市、天津市、河北省、上海市、江苏省、浙江省、福建省、山东省、广东省和海南省 10 个省市；中部地区包括山西省、安徽省、江西省、河南省、湖北省和湖南省 6 个省份；西部地区包括内蒙古自治区、广西壮族自治区、重庆市、四川省、贵州省、云南省、西藏自治区、陕西省、甘肃省、青海省、宁夏回族自治区和新疆维吾尔自治区 12 个省自治区、直辖市；东北地区包括辽宁省、吉林省和黑龙江省 3 个省份。本节按照此区域划分，对创新型产业集群开展分区域评价。

一、东部地区

东部地区共有 58 家创新型产业集群，在综合评价排名前 10 位中也占据大部分位置。区域内集群产业类型完备，新一代信息技术、高端装备制造、新材料、新能源等均有涉及且发展势头良好，增长潜力巨大。

在该区域评价中，得分排名在前10位的创新型产业集群如表3-10所示。

表3-10 东部地区排名前10位创新型产业集群

排序	集 群
1	深圳高新区下一代互联网创新型产业集群
2	杭州数字安防创新型产业集群
3	中关村移动互联网产业集群
4	温州激光与光电创新型产业集群
5	惠州云计算智能终端创新型产业集群
6	石家庄药用辅料与制剂创新型产业集群
7	东莞机器人智能装备创新型产业集群
8	青岛机器人创新型产业集群
9	丰台轨道交通产业集群
10	无锡高新区智能传感系统创新型产业集群

二、中部地区

该区域创新型产业集群总数为21家，这些集群大多以高端装备制造业为主，工业基础深厚，但增长潜力有待进一步挖掘。与产业特征有关，该区域创新型产业集群产业规模较为有限，促进集群转型升级应在创新绩效上下更大功夫，特别是要坚持聚焦细分领域，力争成为细分领域的高增长板块。

在该区域评价中，得分排名在前10位的创新型产业集群如表3-11所示。

表3-11 中部地区排名前10位创新型产业集群

排序	集 群
1	武汉东湖高新区国家地球空间信息及应用服务创新型产业集群
2	长沙电力智能控制与设备创新型产业集群
3	郑州高新区智能仪器仪表创新型产业集群
4	芜湖新能源汽车创新型产业集群
5	南昌高新区生物医药创新型产业集群

续表

排序	集　群
6	蚌埠新型高分子材料产业集群
7	合肥基于信息技术的公共安全创新型产业集群
8	景德镇直升机制造创新型产业集群
9	十堰商用车及部件产业集群
10	洛阳高新区轴承创新型产业集群

三、西部地区

该区域创新型产业集群总数 19 家，评价得分分化明显，头尾部集群排名相差很大。以成都和西安分别为核心的两个都市圈中的创新型产业集群发展相对较好，成都数字新媒体创新型产业集群和西安泛在网络技术创新型产业集群两个集群更跻身综合评价得分排名前 10 位，而综合评价得分的尾部集群也大多出自该区域。该区域部分资源利用型集群的创新水平与产业化程度较低，在很大程度上影响了该区域整体集群效益。

在该区域评价中，得分排名在前 10 位的创新型产业集群如表 3－12 所示。

表 3－12　西部地区排名前 10 位创新型产业集群

排序	集　群
1	成都数字新媒体创新型产业集群
2	西安泛在网络技术创新型产业集群
3	重庆电子信息创新型产业集群
4	宝鸡高新区钛创新型产业集群
5	昆明高新区生物医药产业集群
6	南宁亚热带生物资源开发利用创新型产业集群
7	贵阳区块链与大数据创新型产业集群
8	璧山新能源汽车关键零部件绿色智能制造创新型产业集群
9	兰州高新区节能环保创新型产业集群
10	包头稀土高新区稀土新材料创新型产业集群

四、东北地区

该区域创新型产业集群总数为10家，其中大连发展优势凸显。依托坚实的工业基础，在“国际国内双循环”大背景下，叠加振兴东北、经济转型等特殊支持政策，原本大多处于中游的该区域集群，有望取得更快速的发展。

在该区域评价中，得分排名在前5位的创新型产业集群如表3－13所示。

表3－13　东部地区排名前5位创新型产业集群

排序	集　群
1	大连信息技术及服务创新型产业集群
2	大连高端工业软件创新型产业集群
3	长春汽车电子创新型产业集群
4	沈阳生物医药和健康医疗创新型产业集群
5	大庆高新区石油化工创新型产业集群

第四章 国家创新型产业集群发展前瞻

近十年来，国家创新型产业集群培育与建设工作围绕国家重点区域发展战略，主要立足国家高新技术产业开发区，通过加强布局规划，引导地方综合施策，不断完善政产学研用融合创新、大中小企业融通发展机制，加强协同创新，引导集群跨区域跨领域合作，已经取得了明显成效。党的十九大以来，在习近平新时代中国特色社会主义思想指导下，科技部火炬中心认真贯彻落实党的十九大和十九届二中、三中、四中、五中全会精神，紧紧围绕科技部党组的工作部署，及时把握国内外形势发展，按照加快科技创新和发展现代产业体系，提升产业基础高级化、产业链供应链现代化水平的要求，聚焦国家高新区主导产业，强化创新型产业集群工作体系，狠抓创新型产业集群工作落实，国家创新型产业集群建设工作将迎来高质量发展的新时代。

第一节 新时代、新形势与新任务

产业集群是现代产业的重要组织形态。党的十九大报告在深刻阐述贯彻新发展理念，建设现代化经济体系时强调，要着力加快建设实体经济、科技创新、现代金融、人力资源协同发展的产业体系，促进我国产业迈向全球价值链中高端，培育若干世界级先进制造业集群。党的十九大以来，面对百年未遇的世界大变局、大调整，面向实现两个一百年奋斗目标，党和国家坚定实施创新驱动发展战略，坚持创新是引领发展的第一动力，是建设现代化经济体系的战略支撑，对加快建设创新型国家提出了明确要求，做出了一系列具体部署。

世界进入21世纪以后，全球科技创新速度明显加快，并以前所未有的广度和深度改变产业发展模式，催生新的产业形态，塑造现代产业体系，发达国家和地区普遍积极抢抓技术革命和产业变革先机，布局“新工业革命”。我国建设现代化经济体系，就必须积极顺应和牢牢把握新科技革命和全球产业变革的大趋势，进一步创新体制机制，以科技创新引领产业创新和现代化产业体系建设。

现代产业创新的实践表明，重大的产业创新往往是体系性、生态化、群聚式创新，依托的是产业链、创新链、供应链、金融链交织融通基础上的集群创新。从理论上说，产业的集群化创新是20世纪90年代以来，传统产业集群理论与区域创新理论相结合的重要成果。创新型产业集群是以创新驱动为特征的产业集群，其本质就是产业创新集群，不仅是现代产业集群从产业共同体迈向创新共同体的主要标志，也是现代化经济体系的重要产业基础。没有创新型产业集群的高度繁荣，就没有现代产业体系的百花齐放，更难以建立起具有世界竞争优势的现代化经济体系。

创新型产业集群是我国新时代高新技术产业升级发展的重要形态和主要方向，也是新时代国家高新区高质量发展的重要工作抓手。国家高新技术产业开发区作为我国高新技术产业的重要基地，建设30多年来，高新区产业走过了“企业集聚—产业集中—产业集群”的发展路径。从早期依靠局部政策优势集聚科技企业，到适应专业化发展规律，形成产业集中的专业化园区，再逐步发展为依托一定产业协同和产业生态的产业集群，促进了我国高新技术产业不断发展壮大。在新的历史时期，不断加强创新驱动、提升产业现代化水平，已成为高新区努力实现新发展的必由之路，为此必须大力发展创新型产业集群，形成聚焦高新区、高新技术企业、高新技术产业，聚焦“一区一主导产业”，实现高新区产业集群化创新的新突破。

2020年7月，《国务院关于促进国家高新技术产业开发区高质量发展的若干意见》发布，明确提出国家高新区要“以深化体制机制改革和营造良好创新创业生态为抓手，以培育发展具有国际竞争力的企业和产业为重点，以科技创新为核心着力提升自主创新能力，围绕产业链部署创新链，围绕创新链布局产业链，培育发展新动能，提升产业发展现代化水平，将国家高新区建设成为创新驱动发展示范区和高质量发展先行区”。并把推进产业迈向中高端、做大做强特色主导产业作为高新区的重点任务之一，提出要“支持以领军企业为龙头，以产业链关键产品、创新链关键技术为核心，推动建立专利导航产业发展工作机制，集成大中小企业、研发和服务机构等，加强资源高效配置，培育若干世界级创新型产业集群。”赋予了创新型产业集群工作新的定位和新的任务。

把在国家高新区布局建设创新型产业集群作为集群建设的重中之重，既是国家高新区产业发展到一定阶段后，顺应现代产业创新集群化的态势，在市场原理作用下，专业性集聚和多样性集聚的客观要求；也是各级政府积极主动引导国家高新区主导产业发展，强化高新区产业创新生态，从而壮大区域产业经济的选择。因此，在政府的积极作为和市场的根本动力双重驱动下，创新型产业集群必将迎来崭新的发展格局。

第二节　深入推进创新型产业集群高质量发展

随着国内外形势的发展变化，推进创新型产业集群高质量发展已成为新时期深入实施创新驱动发展战略、建设现代化经济体系的重要战略支撑。2020 年 4 月，在统筹推进疫情防控和经济社会发展的关键时期，为深入贯彻科技部党组有关会议和文件的部署，落实科技创新支持复工复产和经济平稳运行的要求，紧紧围绕国家高新区高质量发展的产业创新需求，聚焦国家重大战略需求，着力攻克关键核心技术、提升产业创新能力、打造区域现代化经济体系，有效降低新型冠状病毒肺炎疫情影响，促进经济社会健康发展，科技部火炬中心就新时期深入推进创新型产业集群高质量发展，进行了多次研究，印发了《关于深入推进创新型产业集群高质量发展的意见》，提出了推进创新型产业集群高质量发展的十二条意见。

《关于深入推进创新型产业集群高质量发展的意见》首先明确了创新型产业集群工

作的发展方向和工作重点，提出要充分发挥国家高新技术产业开发区的产业集聚作用，按照“一区一主导产业”布局建设创新型产业集群。未来一个时期，要在新一代信息技术、生物医药、智能制造、节能环保、新能源汽车、新材料、新能源、生物农业等战略性新兴产业中，按照国家战略与地方需求相结合、政府引导与市场主导相结合、科技创新与产业发展相结合、自主培育与扩大开放相结合的原则，在现有创新型产业集群试点和培育基础上，重点建设100个国家创新型产业集群，形成若干万亿级产业规模和一批千亿级产业规模，掌握关键核心技术、产业技术体系完备、大中小企业融通发展、处于国际国内领先地位的创新型产业集群。

为此，要强化政策集成，形成叠加效应。综合运用财政、税收、土地、金融、贸易以及科技项目、基地、人才、评价等政策，协同支持创新型产业集群载体建设、主体培育、科技创新和人才培养与引进。完善政府采购政策，扩大首购、订购等非招标方式的应用。加大力度在创新型产业集群建设中落实高新技术企业税收、科技型中小企业研发费用加计扣除、小微企业财税优惠等政策，确保已有政策应享尽享。

要完善载体建设，优化空间布局。围绕创新型产业集群产业发展需求，科学规划空间布局，探索实行差别化产业项目用地供地模式。充分落实当地产业用地政策，深入推进用地再开发，鼓励以业态调整、腾笼换鸟等方式，优化用地结构，盘活存量和闲置土地用于创新型产业集群发展。探索面向优质科技型集群企业，开展用地弹性出让、土地年租制等方式进行载体建设。

要强化研发体系，着力产业创新。推动国家重大科技计划成果在创新型产业集群中进行产业化，鼓励集群内优秀科技企业承担各类政府资助项目。面向集群产业链关键核心技术需求，建设一批新型研发机构，鼓励集群领军企业牵头组织产业重大技术研发和行业标准制定，鼓励集群企业采取多种形式与高校、科研机构合作建立研发中心、设计中心和工程技术中心，着力提升集群产业创新能力和产业链现代化水平。探索建立股份制战略技术合作机构，推动全产业链上不同环节技术优势单位强强联合、交互持股，打造技术创新合作网络和利益共同体。

要培育领军企业，促进融通发展。支持创新型产业集群领军企业的技术研发、技术改造和提档升级，促进其成为具有核心竞争力、市场影响力和行业话语权的国际领先企业。鼓励领军企业提升全产业链专业化协作和配套水平，将集群内有条件的科技型中小企业纳入供应链管理。以集群领军企业和关键核心企业为重点，充分发挥科技型中小企业优势，实施集群企业梯次培育行动计划，不断壮大集群企业队伍，促进大中小企业协同创新、融通发展。

要搭建产业联盟，促进协同创新。支持建设创新型产业集群产业链各组成部分积极参与、知识分享、利益共享的产业技术联盟，形成定位清晰、优势互补、分工明确的协同创新机制，有效提高和降低联盟成员在技术研发、市场开拓、配套供给等过程中的效率和成本。鼓励大学、研究机构、金融机构和中介服务机构积极参与产业技术联盟建设，促进联盟进一步发挥整合各类优质创新资源的优势。

要加强平台建设，完善服务体系。支持建设多元投入、市场主体、公益目标的创新型产业集群新型协同创新平台。加强集群“双创”平台建设，鼓励众创空间、科技企业孵化器、科技中介机构等不断提高服务水平，推动专业孵化、产业孵化，促进企业加速器建设。强化公共技术服务平台和技术转移服务平台建设，不断提高面向全产业链的服务能力。充分利用中国创新创业大赛、创新挑战赛等平台，为创新型产业集群发展推介优质科技型企业等创新资源。

要创新支持方式，完善金融服务。以推动实施科技型中小企业成长路线图计划 2.0 为抓手，促进创新型产业集群科技创新和现代金融深度融合。鼓励建立集群创业与产业投资基金，引导社会资本参与集群建设，提升投资机构专业化服务能力，扩大权益性资本供给；建立科技金融服务中心，鼓励探索应用专业化科技金融工具，开展知识产权质押、股权质押、应收款质押等科技信贷业务，引导银行加大对集群企业的信贷支持。积极筛选推荐集群企业对接新三板、创业板、科创板，充分利用资本市场做大做强做优。

要培育聚集人才，强化人才战略。支持建立符合创新型产业集群发展特点的人才评价方式。鼓励集群企业及研发机构建立各类高层次专业技术人才工作平台。探索建立人才柔性工作支持政策，鼓励外地人才通过各种方式为集群建设提供服务，在科研立项、成果转化、表彰奖励等方面与本地人才享受同等待遇。支持在集群中建立青年留学回国人员实习基地，吸引海外留学人员回国参与创新型产业集群建设。

要加强开放创新，参与国际合作。积极参与“一带一路”建设，探索建立“一带一路”创新型产业集群国际合作交流机制。鼓励集群领军企业按产业链布局需要，在境外设立代表处、办事处等境外机构。鼓励集群内具备条件的企业，采取投资入股、收购兼并等方式，通过资本纽带与产业链中境外优秀机构快速融合，补齐发展短板。

《关于深入推进创新型产业集群高质量发展的意见》强调要建立以培育为核心的创新型产业集群建设推进工作体系。科技部火炬中心是集群建设的组织管理机构，负责宏观指导、协调推进、分类管理和考核评价等。各省、自治区、直辖市、计划单列市科技管理部门是组织推进机构，负责地区创新型产业集群的政策制定、组织管理和审核报备。地市级科技主管部门或国家高新区管理委员会是集群建设的责任主体机构，具体负责创新型产业集群的建设方案制定和建设推进工作。并提出要强化集群建设的考核评价工作，全面落实以评促建。科技部火炬中心将完善创新型产业集群动态监测和考核评价工作体系，并根据考核评价结果，对集群建设进行分类指导和推广示范。国家高新技术产业开发区内创新型产业集群建设的绩效纳入国家高新区评价体系。

《关于深入推进创新型产业集群高质量发展的意见》既符合当前国家高新区高质量发展的迫切要求，又着眼于我国高新技术产业提升产业现代化水平的长期战略，与《国务院关于促进国家高新技术产业开发区高质量发展的若干意见》紧密衔接，成为今后一个时期创新型产业集群工作的行动指南。此后，为落实《关于深入推进创新型产业集群高质量发展的意见》，科技部火炬中心又在开展国家高新区主导产业状况摸底调查和集群年度总结评价基础上，认真梳理了集群建设面临的若干问题和短板，出台了《创新型产业集群评价指引（试行）》，明确了聚焦国家高新区、按“一区一主导产业”布局建设创新型产业集群的工作体系、标准和措施。以此为基础，通过召开地方科技部门座谈会、组织集群建设培训和集群专项调研等，进一步统一思想、协同行动，初步形成了新形势下国家高新区多措并举、扎实推进创新型产业集群高质量发展的新局面。

第三节　不断促进国家高新区产业发展现代化

近年来，国家高新区产业集群化创新态势日趋明显，集群化创新格局初步形成。以创新型产业集群为产业组织方式的集群化创新，已成为国家高新区不断提升产业发展现代化水平、依靠创新驱动引领和支撑区域产业转型升级、推动经济高质量发展的重要抓手。

国家高新区创新型产业集群产业分类已覆盖战略性新兴产业全部 9 大领域，主要集中在新一代信息技术、高端装备制造、新材料、生物和新能源汽车 5 个领域。一些发展较好的集群，如深圳高新区的信息技术集群、上海张江的集成电路集群、杭州高新区的数字产业集群、中关村的移动互联网集群、西安高新区的硬科技集群等已在全国产生较大影响力。总体上看，国家高新区产业在若干细分领域，如信息网络设备、互联网及大数据、软件及服务、人工智能、工业机器人、轨道交通、先进材料、新药研发、医学影像、智能电网、数字创意等方面已呈现较显著的集群化创新态势，在全国产业创新版图中占据了重要位置。

国家高新区创新型产业集群的培育和建设尽管已取得很大成效，但总体上仍然处于起步阶段，与实现产业集群化创新和高新区产业现代化的要求相比还有较大差距。一是高新区企业作为创新主体，企业间的强关联关系尚较薄弱，高新区内知识生产、保护和分享的机制尚不完备，创新型产业集群领军企业与科技型中小企业间在协同创新上还存在着一定障碍；二是创新型产业集群在创新链产业链深度融合上还存在较大不足，重大科技创新成果在高新区的落地和有效转化、产业化机制方面仍需完善，高新区产业链补链强链还有很大努力空间；三是创新型产业集群创新生态尚需完善，创新型产业集群内的协同创新组织发展和机制建设还有较大差距，重点创新区域中不同创新型产业集群间的协同合作还存在较大障碍，跨集群的产业链创新链协同还较难实现。

今后一个时期，必须不断深化对国家高新区产业集群化创新重要性、紧迫性的认识，把创新型产业集群高质量发展作为国家高新区不断促进产业发展现代化的重点工作来抓。要以习近平新时代中国特色社会主义思想为指导，全面贯彻党的十九大和十九届二中、三中、四中、五中全会精神，深入贯彻落实科技部党组的一系列战略部署，紧紧围绕构建新发展格局，充分发挥科技创新的战略支撑作用，以科技创新引领和支撑产业创新，统筹国家高新区产业链现代化和产业链供应链安全性，聚焦高新区主导产业，充分体现前瞻性布局，强化集群体系建设，发挥集群创新效能，推动创新型产业集群做大做强做优，确保“十四五”时期创新型产业集群工作呈现新气象，打开新局面。

为此，一是要着力促进创新型产业集群创新链产业链自主可控、融合发展，不断繁荣创新生态，推动协同创新。要以科技自立自强为主线，把提升国家高新区主导产业现代化水平放在创新型产业集群建设的突出位置。推动国家高新区不断加强创新要素供给，以科技创新优势引导产业资源集聚；以创新链产业链的深度融合引导配置创业孵化链、创新资本链。在高新区主导产业的关键环节、关键领域、关键产品上下功夫，产业链上下游协同部署，需求端供应端两端发力，深入实施补链强链行动。强化创新型产业集群共性技术供给，强化产业链效率与安全，促进全产业链优化升级，打造发展新优势，有力支撑“双循环”发展新格局。

二是要大力培育创新型产业集群领军企业，强化创新型产业集群产业孵化，依托大中小企业融通发展格局，做强做优做大集群产业。要推动国家高新区综合集成创新政策与产业政策，支持创新型产业集群领军企业向具有核心竞争力、市场影响力和行业话语权的国际领先企业发展。鼓励领军企业提升全产业链专业化协作和配套水平，将更多集群中小企业纳入供应链管理。加强创新型产业集群孵化器、加速器、众创空间等双创平台的产业深度孵化能力建设，推动创业孵化链主动嵌入产业链，从创新主体强关联的源头入手，在集群环境中大力培育科技型中小企业，不断提升创新型产业集群全产业链大中小企业融通发展水平。

三是要进一步强化创新型产业集群创新平台建设，加速集聚创新资源，统筹国家高新区双创升级工作，积极打造集群发展新动能。要鼓励国家高新区大力建设新型研发机构，强化创新型产业集群科技创新的支撑和引领能力。在具备条件的创新型产业集群应布局建设创新创业街区，更好地集聚各类创新创业服务机构和企业主体，提高创新资源配置效率，提升科技创新创业活力与质量。积极引导创新型产业集群搭建创新应用场景，引导需求侧结构性改革。在部分创新型产业集群试点推广企业创新积分制，建立有效支持科技企业创新的新型政策工具，撬动公共政策和社会资源精准支持创新能力突出的优秀企业。突出创新型产业集群的硬科技底色，充分发挥国家高新区在硬科技发展方面的集聚地、策源地作用，在国家高新区建设一批硬科技创新型产业集群。

四是要不断加强国家高新区的产业预判、战略规划和政策研究，不断优化“一区一主导产业”的集群布局，培育若干世界级创新型产业集群。要把创新型产业集群建设作为国家高新区高质量发展的重点工作之一，纳入国家高新区“十四五”规划。推动国家高新区依据差异化主导产业优势，加强产业预判和战略研究，政策集成、多措并举，积极研究出台创新型产业集群专项支持政策，努力形成有为政府和有效市场相结合、体制创新和机制创新相协调、有利于创新型产业集群高质量发展的政策环境、营商环境和创新生态环境。要从宏观上以“一区一主导产业”为原则，不断优化国家高新区创新型产业集群布局，加强评价导向、重点示范和分类指导。“十四五”时期，努力形成几个万亿级产业规模和一批千亿级产业规模，掌握关键核心技术、产业技术体系完备、大中小企业融通发展、具有国际竞争优势的创新型产业集群，培育若干世界级创新型产业集群。

附录　支持创新型产业集群发展的区域政策

为推进建设创新型产业集群，各省、自治区、直辖市陆续推出了一些支持政策，其中既包括针对特定区域或产业的政策，也包括集群专项支持政策。产业集群化创新的主体是企业，但创新生态的营造则更多依赖于公共政策，特别是在集群建设的早期。因此，政策工具应着重关注创新生态的不断完善，并以此作为集群专项政策的重点。本附录以集群名称为序，选编了部分省市有关创新型产业集群发展的区域支持政策，同时也期待更多省市能为推进创新型产业集群高质量发展提供更加完善的政策环境。

宝鸡高新区钛创新型产业集群

宝鸡高新区管委会关于支持钛及钛合金材料产业加快发展的若干意见

钛产业是国家战略性新兴产业不可或缺的重要组成部分，其发展代表着新一轮科技革命和产业变革的方向。以钛及钛合金材料为主的新材料产业，是宝鸡高新区发展的支柱产业。为了支持国家环保生态治理与散乱污企业整治背景下中小微钛企业快速实现改造升级，加快域内外优质钛企业向高新区的引进聚集，增强节约用地，推动产业园区集群化发展，进一步优化创新创业生态环境，促进高新区钛产业高质量发展，特制定以下意见。

一、加快园区集群化发展

1. 加强园区用地保障。在高新区科技新城规划建设占地约2000亩的钛及新材料产业园。对于固定资产投资在1亿元（含1亿元）以上的钛材料生产型企业，优先在园区内给予项目用地保障，对钛产业园内入驻企业，土地使用权出让价格参照当年供应工业用地基准价格执行。（高新区自然资源和规划局、投资合作局负责）

2. 统一配套公共设施。对入园项目所需的道路、水、电、气、暖、污水处理等相关公共设施，由高新区国有的园区开发平台公司统筹规划与建设实施，对园内企业需分摊的费用，可在后期享受政策奖励时，通过实际核算进行逐步扣除。（高新总公司负责）

3. 设立产业引导基金。由高新区财政列支专项资金，积极争取省市相关产业扶持资金，引导金融机构、社会资本等参与，共同设立总规模约20亿元人民币的产业发展专项引导基金。对入园的高科技高成长性钛企业，按照企业自行项目土地投入同等额度给予产业基金投资引导，基金投资收益率参照银行同期正常标准利率执行。（高新区

财政分局负责）

4. 奖励企业高管人才。对园区引进企业的主要高级管理人员（董事长、总经理），优先给予供给高新区人才公寓，价格按照公寓成本价执行。其他引进的高层次、高技能专业人才，参照《宝鸡市高层次人才引进暂行办法》有关政策执行。对钛产业技术进步和经济发展做出突出贡献者进行表彰，给予应有的社会荣誉。同时在人才落户、医疗服务、子女入学等方面给予优先政策保障。（高新区组织人社部负责）

二、切实降低企业成本

5. 落实税收优惠政策。凡符合国家产业结构调整指导目录鼓励类产业之规定，主营业务收入占企业总收入70%以上，减按15%的税率征收企业所得税；已经认定的高新技术企业，减按15%税率征收企业所得税；企业发生的研发费用，凡符合条件的，允许按照75%比例加计扣除，科技型中小企业研发费用加计扣除比例由50%提高至75%。继续落实小规模纳税人增值税、地方六税两费等优惠政策，扩大小型微利企业所得税优惠范围：对小型微利企业年应纳税所得额不超过100万元的部分，减按25%计入应纳税所得额，按20%的税率缴纳企业所得税；对年应纳税所得额超过100万元但不超过300万元的部分，减按50%计入应纳税所得额，按20%的税率缴纳企业所得税。（高新税务分局、高新区财政分局负责）

6. 加大财税贡献奖励。对钛及新材料园入驻企业实行年度主营业务收入和地方财税贡献双考核。对从高新区外引进的入园企业按当年区级税收贡献50%的额度于第二年度给予一次性政策奖励。对园区内年度主营业务收入达到2000万元以上且纳入规模以上工业企业统计的企业，除享受省市规上企业政策奖励外，同时按当年新增区级税收贡献50%的额度给予连续三年的政策奖励。（高新税务分局、高新区财政分局负责）

7. 实行厂房租赁补贴。以租赁厂房形式入园发展企业，固定资产投资500万元，年纳税30万元以上，租赁期三年以上，租赁厂房2000平方米以下的企业，享受房租免12个月；固定资产投资500万元，年纳税50万元以上，租赁期三年以上，租赁厂房3000平方米以下的企业，享受房租免18个月；超出政策范围内的租赁面积部分，企业自行承担租赁费用。固定资产投资500万元以上，年纳税达50万元以上，购买厂房企

业享受购房总价款2%优惠。（高新区投资合作局、高新总公司负责）

三、鼓励开展科技创新

8. 鼓励科技创新与知识产权转化。对新认定的国家高新技术企业给予5万元奖励；对实施省级及以上重大科技成果转化项目的企业，给予配套资金5万～20万元的奖励；对新认定为区级瞪羚企业一次性给予10万元奖励，涉及区级以上瞪羚企业扶持政策按有关程序给予申报争取落实；上年度获得国外授权发明专利奖励2万元/件，对获得欧美日发明专利授权的企业给予5万元奖励；对获得欧美日注册商标证书的企业给予2万元奖励，对知识产权新增量百件以上的企业予以5万元奖励；对主导制定国家标准或行业标准、国际标准的牵头企业，给予10万～20万元奖励，对参与制定国家标准或行业标准、国际标准的重点企业给予5万～10万元奖励。（高新区科技创新局负责）

四、引导资本市场融资

9. 实行上市公司奖励。协助企业积极落实省政府、市政府上市企业的专项扶持和奖励资金。高新区对成功在主板上市企业（包括中小板、创业板），给予100万元的奖励；对成功在全国中小企业股份转让系统（新三板）挂牌的企业，给予40万元的奖励；对成功在陕西省股权交易中心交易板挂牌的企业，给予10万元的奖励，在陕西省股权交易中心成长板挂牌的企业，给予5万元的奖励。对于成功转板的企业按照差额补足奖励资金。（高新区金融办负责）

10. 降低上市企业过户费用。支持重点上市（挂牌）后备企业进行股份制改造和重组整合，在调整股权、划转资产不变更实际控制者，涉及的房产、车辆等资产所有权和土地使用权过户时，相关部门按变更登记办理，只收工本费。拟上市企业购并企业，在办理房产、土地过户时，相关部门按变更登记办理，只收工本费。拟上市企业购并企业，在办理房产、土地过户手续时，相关费用给予50%优惠。（高新区金融办、高新区自然资源和规划局负责）

11. 给予上市企业补贴。重点上市（挂牌）后备企业进行股份制改造和重组整合，进行土地、房产及其他固定资产交易且不变更实际控制者，涉及的增值税，由财政部门按地方留成部分的50%给予企业补贴，最高不超过1000万元；重点上市（挂牌）后备企业整体改制或变更设立股份有限公司，因资产评估增值而需缴纳的企业所得税，由财政部门按地方留成部分的50%给予企业补贴；重点上市（挂牌）后备企业上市过程中因调整以前年度应纳税所得或应税收入而补缴的所得税，由财政按地方留成部分的50%给予企业补贴；重点上市（挂牌）后备企业上市成功后，上一年度缴纳的企业所得税，由财政部门按地方留成部分的50%给予企业补贴。（高新区金融办、高新区财政分局负责）

五、促进外贸壮大发展

12. 引导进驻综合保税区。对外贸业务占比较大的钛企业，鼓励进驻综合保税区开展相应加工贸易、保税仓储、国际中转等业务，全面给予项目用地、厂房租赁等入驻保障，积极落实保税、免税、退税和免证、免配额、自由结汇等综合保税区特殊优惠政策。（综合保税区筹建办负责）

13. 落实外贸补贴政策。对宝鸡品牌产品出口及外贸综合性服务公司的引进培育给予资金补助支持；支持生产型企业在高新区注册进出口公司给予补助；鼓励龙头企业外贸企业做大进出口业务，并对当年出口超过1亿美元的企业给予超过部分1美元0.03元人民币的补贴，单个企业总额不超过100万元人民币。（高新区工信商务局负责）

六、支持尽快投产达效

14. 支持稳增长促投资。积极帮助钛及钛合金加工企业争取省上重大技术改造和新产品培育项目补助资金。对当年竣工新投产重点工业项目，给予财政补助支持；2亿元以上的工业投资项目对拉动投资贡献突出的年内投产项目、重大技术改造项目和新产业培育项目给予50万~100万元支持。对工业企业贡献大的企业，按照《宝鸡促进规模以上工业加快发展考核奖励办法》进行考核奖补支持。（高新区经济发展局、高新区工信商务局负责）

七、推动军民融合发展

15. 支持开展军民融合业务。积极帮助和支持企业申报国家军民融合重大专项计划项目，争取中、省、市军民融合发展专项资金，对军民融合产业发展项目和示范园区建设给予贷款贴息、技术创新扶持以及奖补等；对于获得军贸出口订单的企业，按照订单上年度实际销售额的1%给予不超过100万元进行奖补；对于获得国家资金支持的国家级军民融合重大项目，按其到位资金的5%不超过100万元进行奖补。支持民营企业承担军品科研、生产、维修、检测任务；鼓励企业设立涉军技术中心（工程中心）、重点实验室、仪器共享平台等，凡获得国家级、省级、市级验收认证的，分别给予一次性奖补100万元、50万元、10万元。（高新区工信商务局负责）

八、强化政策落地执行

16. 加强政策执行保障。本意见中明确的责任单位为政策落实承办部门。符合条件并申请享受上述意见的政策企业需和高新区管委会（或与钛产业园区投资建设平台公司）签订正式入区投资协议，并在高新区完成项目实施主体的工商、税务登记。企业在申请政策享受时，需要向政策落实承办部门提供以下材料：

（1）企业工商税务注册登记材料；

（2）购买、租赁厂房或使用土地的有关材料；

（3）项目固定资产投资的证明材料；

（4）企业对高新区财政贡献的证明材料；

（5）政策落实承办部门需要认定的其他材料。

九、政策适应范围

17. 政策适应范围。本意见中涉及的土地、税收贡献奖励、厂房免租等政策仅适用于进驻高新区钛及新材料产业园的企业、科研院所、技术创新中心、检测交易中心等单位机构。其余政策意见对在高新区注册纳税的，并符合国家产业发展政策和环保要求达标的钛产业领域所有独立企业法人及相关科研院所、技术创新中心、检测交易中心等机构均可适应。

十、其他需说明事项

18. 在政策内容不冲突情况下，上述适应范围的企业及其他机构可继续享受中、省、市已出台的其他产业发展和宝鸡市人民政府支持总部企业发展的相关政策。原宝鸡高新区已出台的有关钛产业发展支持政策自行废除，以此意见为准。

19. 本意见由宝鸡高新区投资合作局具体负责解释。自颁布之日起施行，暂定有效期为三年。

长春汽车电子创新型产业集群

吉林省科技厅关于促进汽车电子产业集群发展的若干意见

为了进一步增强我省汽车电子产业整体研发能力，促进汽车电子产业集群的壮大，加速吉林省汽车产业发展转方式、调结构的步伐，顺利完成吉林省《汽车产业振兴规划》《信息产业振兴规划》提出的各项目标，现制定如下意见：

一、推动集群区内项目建设，促进汽车产业优化升级

1. 鼓励进入集群区投资额在1000万元以上的新建、续建重点汽车电子项目（包括技术改造项目）加快建设进度。对当年建成投产并实现销售收入3000万～5000万元的企业，奖励企业经营者10万元；实现销售收入5000万～1亿元以上的企业，奖励企业经营者20万元。

2. 鼓励集群区内企业积极争取国家创新能力强、科技含量高、拉动作用大的技术改造和科技创新项目的支持。对争取到国家1000万～3000万元项目的，奖励项目单位及有功人员15万元；争取到国家3000万～5000万元项目的，奖励项目单位及有功人员30万元；争取到国家5000万～1亿元项目的，奖励项目单位及有功人员50万元；争取到国家1亿元以上项目的，奖励项目单位及有功人员100万元。

3. 鼓励汽车电子嵌入式软件产业集聚发展。对进入集群区的企业，在房租、土地等政策给予政策支持和倾斜；企业搬迁过程中土地出让通过招拍挂公开出让的价款，扣除企业搬迁补偿费和必须上缴国家及省的各种税费外的收益，给予全部返还。

4. 鼓励企业重组。对集群内相关企业与央企或国内外大型企业集团和知名企业实施战略重组成功且达产达效的企业，给予经营者50万元的奖励。对科技含量高、带动能力强、产出效益好、投资规模在1亿～5亿元的战略合作伙伴，给予投资企业50万

元的奖励；投资额在 5 亿 ~ 10 亿元的给予 100 万元的奖励；投资额在 10 亿元以上的给予 200 万元的奖励。

5. 鼓励外埠企业来集群区投资建厂。对投资额在 1000 万元以上的（含 1000 万元），头两年企业缴纳的所得税地方留成部分全部返还企业，后三年减半。

6. 鼓励汽车整车厂的外埠配套汽车电子企业转移到集群区。将所属进入配套体系的外埠汽车电子企业转移到集群区研发生产，对整车厂负责人及相关人员按配套份额给予奖励。配套份额在 1000 万 ~ 5000 万元的，奖励 30 万元；配套份额在 5000 万 ~ 1 亿元的，奖励 50 万元；配套份额在 1 亿元以上的，奖励 100 万元。

7. 鼓励集群内企业以节能降耗带动转型升级。对列入国家、省重点节能降耗项目，并得到资金支持的企业，按支持资金额度的 5% 予以奖励（最高不超过 50 万元）。企业当年节能量在 300 吨标准煤以上，每吨奖励 50 元（与国家、省奖励不重复进行）。

8. 鼓励集群内企业建立技术中心和开发具有自主知识产权新产品。对新认定的国家级企业技术中心给予一次性补助 100 万元。对新认定的省级企业技术中心给予一次性补助 50 万元。对列入省级企业技术创新项目计划，并通过省级以上鉴定且达到国内领先水平，当年投入试生产销售收入达到 500 万元以上的新产品，每个项目给予 30 万元资金补助。

9. 鼓励集群企业开展产学研合作和解决制约产业发展的关键技术、核心技术的重大产业技术开发项目。对列入省级企业技术创新项目计划的产学研合作项目和重大产业技术开发项目，每个项目给予 30 万元资金补助。

10. 设立省级汽车电子产业发展专项基金，总额 1000 万元。主要面向集群内中小企，对具有自主知识产权、技术含量较高、技术创新性强、能实现与整车厂、零部件厂商以及汽车电子龙头企业配套的项目给予重点支持。每个项目给予 50 万 ~ 100 万元的资金补助（列入省级其他计划的项目不予重复支持）。

二、拓宽融资渠道，加强资金对集群发展的支撑力度

1. 对集群内担保机构使用国家开发银行软贷款的，省政府对担保机构实际利息支出给予 50% 的补助。

2. 鼓励集群内具备条件的企业发行企业集合债券和短期融资债券，省政府组织协调担保机构联合担保，对发债前期发生的相关费用，省政府按30%给予补贴。

3. 鼓励民营资本、金融机构创建小额贷款公司、担保公司、风险投资公司和创投公司，省政府在政策和办理审批手续上给予支持。

4. 鼓励集群内金融机构加大对中小企业及项目的信贷支持。以上年中小企业贷款余额为基数，当年贷款余额每净增1亿元，奖励行长（总经理）20万元。

5. 加大对集群中小企业融资的支持力度。中小企业贷款需要担保的，在担保费率上担保机构给予降低10%～20%的优惠。

6. 设立省级中小企业投融资引导基金，额度为1000万元。主要是引导投融资企业进入集群并对集群内的风险投资公司、创投公司、担保公司等在对中小型汽车电子企业的风险补助、投资保障、阶段参股三类项目的资金扶持。每个项目给予50万～100万元的资金补助（列入省级其他计划的项目不予重复支持）。

三、扶持公共服务平台建设，提高集群区综合配套服务能力

1. 鼓励和扶持为汽车电子产业服务的融资担保、技术创新、投资咨询、企业孵化、质量检测、人才培养、营销策划、物流仓储、网络信息、综合配套等公共服务平台建设，围绕汽车电子产业大力发展现代服务业。设立汽车电子产业服务业发展引导基金，总额度为1000万元。对符合条件的服务类企业的公共服务平台建设项目给予重点扶持，每个项目给予50万～100万元的资金补助（列入省级其他计划的项目不予重复支持）。

2. 支持龙头企业建立和完善专业性公共技术服务平台，按照标准组织对平台建设进行认定，自认定之日起三年内，对其技术服务平台建设所发生的费用给予100万～200万元的补贴，连续支持三年。

3. 对服务于集群内中小企业的技术开发、技术转让和与之相关的技术咨询、技术服务的收入，免征营业税。

4. 强化集群孵化器建设，集群区内要建设10万平方米以上的孵化基地，为中小企业提供免费或低价的政策、法律、技术、管理等方面的咨询服务和低价的办公场所。

5. 支持集群内企业参与国家标准和行业标准的制定和修订，凡取得国家标准和行业标准制定和修订资格的单位，在安排上述各项专项基金和申请省级其他科技发展计划项目上给予重点倾斜。

6. 促进集群内以企业为主体的各类行业协会、联盟和商会的建立和完善，集群区管辖政府要为其提供工作场所和活动条件。协会、联盟和商会在制定公平公正规则的基础上，对园区汽车电子产业集聚进行细化指导和服务。

四、吸引人才集聚、强化集群支撑能力

1. 鼓励集群区建立人才服务中心，支持科研院所、职业技术学院、技工学校、社会培训机构以及各类人才市场进入集群区，开展人才供需信息、人企对接、专业职业培训等工作。

2. 要采取资源共享、融资推介、资金扶持等措施，鼓励大专院校毕业生及各类高层次汽车电子、软件等专业技术人才在集群区投资和创业。

3. 选派省直相关部门优秀处级干部对口到集群区管理部门挂职帮助工作。

4. 省级创业投资引导基金要向汽车电子产业倾斜。

5. 集群内的企业聘任的高级技术和管理人才，经主管部门认定后，可对其进行适当奖励。

吉林省科技厅

二〇一〇年五月二十二日

长春新区加快产业集聚促进高质量发展若干政策

为进一步加快产业集聚，壮大实体经济规模，高标准、高效率推动新区高质量发展，根据国家、省、市相关政策，结合新区发展实际，特制定本政策。

第一条　本政策适用于工商登记注册、税务关系和统计关系均在长春新区的内外资企业及符合产业发展规划的新引进项目。享受新区资金扶持的企业，应在新区持续经营，并承诺自政策兑现结束五年内工商注册、税务登记不得迁离长春新区。发生迁离的，按协议需退还所享受的全部政策扶持资金。

第二条　对新购地的工业、服务业项目，考核建设进度、投资强度（每平方米不低于5000元）等主要指标，给予项目实际固定资产投资额3%～5%的投资补助。其中，实际固定资产投资1亿～5亿元（含1亿元），并在2年内建设完成的项目，按实际固定资产投资额的3%给予补助；实际固定资产投资5亿～10亿元（含5亿元），并在3年内建设完成的项目，按实际固定资产投资额的4%给予补助；实际固定资产投资10亿元以上（含10亿元），并在3年内建设完成的项目，按实际固定资产投资额的5%给予补助；投资强度高于最低标准10%以上，补贴总额可以上浮10%。工业项目补贴最高额度为8000万元，服务业项目补贴最高额度为5000万元。按约定时间完成土建部分，给予50%补助；按约定时间投产，给予50%补助。

第三条　对新购地的战略性新兴产业项目，给予项目实际固定资产投资额4.5%～6%的投资补助。按约定时间完成土建部分，给予50%补助；按约定时间投产，给予50%补助。

（一）对新引进的汽车零部件行业领军企业及核心汽车零部件项目，实际固定资产投资5亿元以上的，给予4.5%补助；实际固定资产投资10亿元以上的，给予6%补助。

（二）对新引进的高档数控机床、工业机器人、增材制造、新型传感器等高端智能装备制造项目，实际固定资产投资5亿元以上的，给予4.5%补助；实际固定资产投资

10 亿元以上的，给予 6% 补助。

（三）对新引进的新能源汽车电驱动、电池、电控项目，实际固定资产投资 5 亿元以上的，给予 5% 补助。

（四）对新引进含有飞机研发生产及总装组装、小型运载火箭、小卫星等航空航天类的产业项目，实际固定资产投资 5 亿元以上的，给予 6% 补助。

（五）对新引进的具有新药、仿制药批准文号的医药生产企业，实际固定资产投资 3 亿元以上的；对新引进的拥有三类医疗器械注册证书的企业，实际固定资产投资 1 亿元以上的，给予 6% 补助。

第四条　对研发和生产类非购地企业，正式投入运营后给予一定奖励或房租补贴。

（一）对于正式投入运营并有产业带动示范引领作用的重点产业园区，由各开发区管委会出具推荐意见，对园区运营管理机构给予最高 200 万元奖励。

（二）对入驻重点产业园区或租用标准厂房的企业，重资产进驻的，可于研发或生产主体设备进场后，连续三年给予每月 20 元/平方米的补贴，最高不超过 3000 平方米，补贴总额不超过地方经济发展贡献；轻资产进驻的，可根据地方经济发展贡献给予企业租金减免。

第五条　对新入驻并且地方经济发展贡献较大的企业，以及对域内产业发展具有支撑作用的项目，按照地方经济发展贡献和服务能力给予一定资金支持。

（一）对新引进的域外非购地类总部企业，自设立年度起第 1 ~ 3 年，可根据其对新区地方经济发展贡献为基数按照以下额度予以奖励：年度地方经济发展贡献 1000 万（含）~ 3000 万元的，给予 50% 额度的奖励；年度地方经济发展贡献 3000 万（含）~ 5000 万元的，给予 60% 额度的奖励；年度地方经济发展贡献 5000 万元（含）以上的，给予 70% 额度的奖励；对世界 500 强及国内 500 强企业在新区设立总部的，研究采取“一事一议”方式给予支持。

（二）对于区内企业成功并购域外没有产权隶属关系的企业，并将工厂搬迁到新区生产的，新增年产值达到 1 亿元（含）以上，一次性奖励 100 万元；对于成功并购区内没有产权隶属关系的企业，新增年产值（以上一年度两企业产值总和为基数）达到 5000 万元（含）以上，一次性奖励 50 万元。

（三）对新建医药健康研发及检验检测公共服务平台，正式投入运营后，设备总投资在1000万元以上的，给予一次性50万元资金支持；对在新区内购置办公用房并投入运营的，给予100元/平方米的一次性购房补贴。

（四）对新引进实缴注册资本金超过2000万元的高端服务业或生产性服务业企业，在新区投入运营后年营业收入实现2000万元以上的，一次性奖励100万元。年度地方经济发展贡献首次突破150万元的，给予50万元奖励。

（五）对新纳入规模以上统计直报的工业、零售业和重点服务业企业，并在首个完整统计年度实现同比增长20%的，给予企业20万元奖励；若上一年度产值（收入）首次突破1亿元、5亿元、10亿元、50亿元、100亿元，分别给予企业核心管理团队10万元、20万元、30万元、100万元、200万元奖励。

（六）对上一年度工业总产值10亿元以上且保持同比增长的工业企业，给予企业核心管理团队300万元的奖励。

第六条 对省制定的产业发展规划中优先发展的产业且用地集约的工业项目，在确定土地出让底价时可按不低于所在地土地等别相对应《工业用地最低价标准》的70%执行。工业用地实行租赁、先租后让、弹性年期出让等方式供应，重点工业项目地价可以分期缴交，首期缴交比例不得低于50%，并且应当自合同生效之日起15个工作日内付清，余款1年内支付完毕。在不改变用途的前提下，在现有工业生产用地上建设标准厂房，提高土地利用率和增加容积率，不再增收土地出让价款。

第七条 对不符合上述兑付条件，新购地具有产业带动作用的项目、新区区域内部搬迁企业以及地方经济发展贡献较大的企业，可研究采取"一事一议"方式给予支持。

第八条 符合新区扶持政策的同类事项，按最优惠的政策执行，不重复执行。

第九条 本政策自发布之日起30日后施行，《长春新区管理委员会关于印发〈长春新区促进战略性新兴产业发展的若干政策〉的通知》（长新管发〔2017〕57号）及《长春新区管理委员会关于印发〈长春新区促进现代服务业加快发展若干政策〉的通知》（长新管发〔2017〕58号）同时废止。但对本政策发布之前，已经发生且符合政策兑付条件的参照原政策继续执行。

大连高端工业软件创新型产业集群

大连高新区关于集聚创新要素推动“又高又新”高质量发展的若干政策

第一章 总则

第一条 为贯彻落实《国务院关于促进国家高新技术产业开发区高质量发展的若干意见》，加快创新驱动发展示范区和高质量发展先行区建设，汇聚优秀人才，提升创新能力，优化金融服务，培育创新型企业队伍，推动产业链条化、集群化发展，构建创新要素集聚的创新创业生态和协同发展的现代产业体系，实现“又高又新”高质量发展目标，特制定本政策。

第二条 高新区管委会全面执行《新时期促进集成电路产业和软件产业高质量发展的若干政策》等国家省市有关政策，做好区级政策落实工作，营造优质营商环境，做大做强软件和信息技术服务、洁净能源、生命科学、智能制造、海洋科技和文化创意等“1+5”重点产业。

第三条 高新区管委会发挥财政资金引导作用，安排专项资金用于支持人才引进培育、企业创新发展和产业做大做强；设立大连高新区产业创业投资引导基金，激发社会资本投入，建立市场化投融资机制，提供覆盖企业成长周期的金融支持。

第四条 政策支持对象主要为注册、税务和统计关系均在高新区的企业（符合高新区重点产业方向）和服务机构，以及社会团体、高校院所和创新创业人才。

第二章 汇聚优秀人才

第五条 高层次人才创业扶持。实施“海创工程”“科创工程”，鼓励高层次人才创新创业。对通过资格审核和项目评审后高层次人才创办的企业，按照实缴注册资本的 50% 给予一次性启动资金支持，最低 15 万元、最高 100 万元；采用“无偿资助 + 股权投资”方式给予创业扶持，无偿资助最高 1000 万元，股权投资按照投资基金相关办法执行。

第六条　产业优秀人才奖励。支持企业引留优秀人才，打造骨干团队。每年遴选一批由企业推荐、符合《大连高新区紧缺人才目录》的优秀人才给予奖励，标准为：税前年薪 20 万（含）至 30 万元，奖励 3 万元；税前年薪 30 万元及以上者，奖励 5 万元。分两年支付。

第七条　企业人员增长补助。支持企业引育人才，壮大规模。对年度人员净增长 30 人及以上的重点企业，按照每人 5000 元标准，给予最高 200 万元的人才工作补助。

第三章　鼓励科技创新

第八条　企业研发费用补助。支持企业加大研发投入，创新发展。对未纳入国家统计联网直报平台的企业，符合加计扣除政策的年度研发费用达 300 万元及以上，或新迁入企业第一年符合加计扣除政策的研发费用达 200 万元以上，按实际发生额的 5%、最高 20 万元给予补助。支持科技型小微企业创新和科技服务机构发展，经评审，企业可获得最高 10 万元创新券用于购买科技创新服务。

第九条　高端创新平台扶持。大力引进高端创新资源。支持通过市级以上工程技术研究中心、重点实验室等认定的企业和高校院所在区内建设高端创新平台，自注册年度起连续三年扶持，标准为：按照租用办公面积的 50%、最高 2000 平方米给予房租后补贴；根据年度创新成绩，按照研发费用实际发生额的 20%、最高 500 万元给予补助。经备案，对企业建设的总投资 1000 万元及以上实验室（技术平台）并提供公共服务的，按照年度投资额的 30% 给予补助，三年内最高 1000 万元。

第十条　企业新技术新产品创新扶持。培育有核心竞争力的创新型企业。支持重点企业自主或联合区内其他中小企业及高校院所，围绕关键领域开展核心技术攻关与前瞻性应用创新。经评审，根据研发目标、投资计划及联合协议，对两年内研发投入 500 万元及以上项目，按照当年企业自主研发投入计划的 20%、协议投入计划的 25% 给予补助，两年内最高 1000 万元。

第十一条　创新孵化载体扶持。支持双创孵化高质量发展。对新建优质孵化载体，按照租用场地面积的50%、最高2000平方米，给予每平方米200元一次性装修后补助和第一年房租后补助（每天每平方米最高1.5元）。对备案认定的孵化载体，按照孵化企业的数量、质量及融资额等业绩考核结果，每年择优最多10家，给予最高300万元/家奖励。

第四章　优化科技金融服务

第十二条　政府引导基金投资扶持。发挥政府引导基金作用，大连高新区产业创业投资引导基金出资与社会资本设立子基金，对企业进行股权投资扶持。引导基金对单个子基金投资原则为：出资额最高1亿元，占比不超过基金总额的20%，对单个企业直接投资原则为：投资额最高2000万元，占比不超过总股本的30%。

第十三条　企业股权投融资奖励。激发区域投融资活力。对新设立或迁入的投资机构，注册资本或募集资金实际到位5000万元及以上的，给予100万元落户奖励。对区内投资机构12个月内新增区内投资额（投资期限满一年及以上）满500万元，奖励管理团队10万元，每增加300万元，奖励5万元，每家每年最高100万元。对企业通过增资扩股获得的500万元及以上投资，按实际到位资金的3%、单笔融资最高100万元奖励管理团队。

第十四条　科技信贷融资补贴。降低中小企业信贷融资成本。对重点企业新获得的期限为6个月及以上贷款，按利息额的50%给予后补贴，每家年度补贴最高30万元、最多2年。对企业知识产权质押贷款，按照知识产权评估实际发生费用的50%、最高10万元给予补贴。

第十五条　企业境内外上市奖励。支持企业多层次市场直接融资。拟上市企业经备案后，根据企业情况按两种方式之一给予扶持：自签署上市辅导协议年度起连续三年扶持，资金额度参照其年度区级贡献增量（股改增加部分不计）的100%计算，上市当年不享受，五年内未上市，以上奖励资金需返还；或股权投资扶持，单个企业直接投资额最高2000万元，占比不超过总股本的30%。企业在境内外首次公开发行上市（含境外红筹上市）后奖励600万元。新三板挂牌企业按照进程给予奖励，最高400万元。上市公司募集资金投资于区内项目，按两年内实际投资额的1%、最高100万元奖励管理团队。

第五章　加快产业壮大

第十六条　高成长型企业扶持。培育高成长型企业队伍。自企业通过省级以上备案年度起，或新引进高成长型企业自注册年度起连续三年扶持，瞪羚类企业扶持资金额度参照年度区级贡献增量的100%计算，独角兽类企业根据业务发展情况每年扶持最高300万元；对企业管理团队给予一次性奖励，潜在瞪羚10万元、瞪羚和种子独角兽30万元、潜在独角兽50万元、独角兽100万元。

第十七条　大企业平台化发展奖励。培育发展新兴产业。引进平台型龙头企业，支持各类大型企业在园区开展平台型业务，带动中小企业发展，对其孵化的企业首次入选高成长型企业或引进高成长型企业，给予奖励，瞪羚和独角兽类企业每家30万元、潜在瞪羚企业每家10万元。

第十八条　优质企业发展奖励。支持各类优质企业和科技、金融服务机构做优做强。对新引进企业，自设立或迁入之日起连续三年给予发展奖励，资金额度参照其年度区级贡献计算；对区内已有企业奖励额度参照其年度区级贡献增量计算。奖励标准为：区级贡献或增量达到100万元（含）至500万元，比例50%；区级贡献或增量达到500万元（含）至1000万元，比例60%；区级贡献或增量超过1000万元（含），比例70%。

第十九条　高端生产型企业扶持。支持重点产业企业高技术产品产业化。对重点企业新购置200万元及以上关键生产设备，或总投资500万元及以上无尘（无菌）生产车间（通过标准认证），按照实际发生额的10%、最高1000万元给予补助。对企业生产的5G、第三代半导体、新能源、生命科学等高技术产品年销售收入首次突破5000万元、1亿元、5亿元、10亿元，分别奖励50万元、100万元、500万元、1000万元。对企业研制的二、三类医疗器械获批，按照该产品前期研发费用的10%、最高100万元给予奖励。

第二十条　企业出口业务奖励。发展国际服务外包业务，鼓励企业扩大出口。

对软件和信息技术服务企业按年度出口额（8523 项下报关）给予奖励，每出口 100 万元奖励 1000 元；对其他贸易出口企业按年度出口增量给予奖励，每出口 35 万元奖励 1000 元。不足 100 万元、35 万元部分不计，奖励额度最低 3 万元、最高 100 万元。

第二十一条　文化创意企业扶持。培育发展文化创意产业。对新设立的实缴注册资本 200 万元及以上，或新迁入的上年度主营业务收入 1000 万元及以上的文化创意企业，自注册或迁入年度起连续三年扶持，年度区级贡献 100 万元以下的，资金额度参照区级贡献计算比例为第一年 70%、第二年 60%、第三年 50%；年度区级贡献 100 万元及以上的，执行本政策第十八条。

第二十二条　产业楼宇服务奖励。提高产业载体空间供给与服务能力。经备案，对可租赁商务办公面积达 2 万平方米及以上的产业楼宇，入驻符合重点产业方向的企业和孵化机构租用面积达到已出租总面积（公用和配套服务面积除外）的 70% 及以上的，给予运营方奖励。奖励额度参照此类企业（含孵化机构内企业）年度区级贡献增量之和的 10% 计算，每年每家最高 100 万元。

第二十三条　招商引资贡献奖励。建立市场化招商合作机制。对与高新区管委会有关机构签署招商合作协议的单位引进的注册资本 1000 万元及以上企业，或固定资产投资（不含土地、房地产项目）3000 万元及以上的项目，按照单个项目两年内实缴注册资金或固定资产实际投资额的 3‰、最高 200 万元给予奖励。

第二十四条　社会资本投资合作。鼓励社会投资建设医疗、文化、体育等设施，高新区管委会根据项目情况，按照不超过项目总投资（土地除外）的 20% 参股或以其他方式共建。

第六章　附则

第二十五条　对投资额度大、科技含量高、产业带动性强及经济贡献突出的重大项目及其他重大事项，采取“一事一议”方式扶持。

第二十六条　对企业扶持奖励额度（含上级政策区级承担部分）原则上以其当年对区级贡献总额的 75% 为上限（特殊约定除外）。对拟上市企业、高成长型企业可视情况加大支持力度。企业同类项目扶持按照“从高不重复”原则执行。签署“一事一议”扶持协议的企业遵从协议约定。签署承诺书的企业违诺须退回所获资金。

第二十七条　本政策由大连高新区管理委员会负责解释，自2020年10月1日起实施，有效期三年，实施细则另行制定。

广州个体化医疗与生物医药创新型产业集群

广东省发展生物医药与健康战略性
支柱产业集群行动计划（2021—2025 年）

为贯彻省委、省政府关于推进制造强省建设的工作部署，加快发展生物医药与健康战略性支柱产业集群，促进产业迈向全球价值链高端，依据《广东省人民政府关于培育发展战略性支柱产业集群和战略性新兴产业集群的意见》（粤府函〔2020〕82 号）等文件精神，制订本行动计划。

一、总体情况

（一）发展现状

生物医药与健康产业主要包括生物药、化学药、现代中药、医疗器械、医疗服务、健康养老等领域，具有“四高一长”的发展特点，即高技术、高投入、高风险、高收益、长周期。近年来，我省生物医药与健康产业规模稳步壮大，产业结构不断优化，创新能力不断增强，发展水平位居全国前列。截止到 2019 年，全省生物医药与健康产业营业收入超过 5000 亿元，其中生物医药产业营业收入超过 2500 亿元，有效发明专利量为 9702 件。产业发展集聚效应凸显，拥有广州国际生物岛、深圳坪山国家生物产业基地、珠海金湾生物医药产业园、中山国家健康科技产业基地等产业集聚区，拥有 3 家国家临床医学研究中心、2 家省实验室，建有国家基因库等一批重大科技基础设施，拥有中山大学、南方医科大学等一批知名医科大学，以及一大批具有国际竞争力的龙头骨干企业和创新型企业。

（二）存在问题与面临挑战

我省生物医药与健康产业仍存在规模有待提升、集聚度不高、产业链不健全、关键技术与装备缺乏、龙头骨干企业和大型跨国企业较少、高端人才和高等级生物安全实验室偏少、体制机制有待优化等突出问题。同时，生物医药与健康产业作为全球新一轮科技革命和产业变革战略制高点，发达国家和兄弟省市纷纷加大支持力度，国内外竞争日趋激烈。

（三）优势和发展机遇

随着基因工程、细胞工程、生物芯片、基因测序、生物信息等技术广泛运用，生物医药与健康产业快速转型，发展前景广阔。我省生物医药与健康产业发展基础雄厚，要紧紧抓住国家建设粤港澳大湾区和支持深圳建设中国特色社会主义先行示范区重大机遇，集聚资源、突出重点、发挥优势、补齐短板，推动生物医药与健康产业高质量发展。

二、工作目标

到 2025 年，实现生物医药与健康产业规模、集聚效应、创新能力国内一流，体制机制、服务体系、市场竞争力国际领先，打造万亿级产业集群，加快进位赶超，建成具有国际影响力的产业高地。

（一）产业规模持续壮大，集聚效应显著增强

生物医药与健康产业成为我省经济高质量发展的重要引擎，力争实现产业营业收入达到 1 万亿元。产业集聚发展水平显著提升，建成 10 个特色鲜明、规模效益显著、辐射带动效应明显的综合性产业园区，形成 2 个千亿级产业园区。

（二）产业结构优化完善，培育一批龙头企业

推动精准医疗、智慧医疗、海洋医药、医养融合等新业态发展壮大，在生物药、化学药、现代中药、高端医疗器械、医疗服务、健康养老等领域形成若干个优势产业。培育发展销售收入超千亿的龙头企业 1 家，超五百亿的企业 2 家，超百亿元的企业 20 家，规模以上生物医药企业研发投入强度达到 6%。

（三）产业创新能力大幅提升，支撑服务体系更加完善

争取建设1家国家实验室或分支机构、5个国家临床医学研究中心。获得新药上市注册批件20个，创新医疗器械注册批件40个，有效发明专利量超过1.5万件。建成一批合同研发生产、产业中试、药物非临床评价、临床研究等公共服务平台。重大慢性病发病率显著降低，突发传染病防控能力显著提升，建立预防、治疗、康复、健康一体化的服务体系。

（四）产业发展生态不断优化，国际合作水平显著提高

药品和医疗器械审评审批机制、临床试验激励机制、应用推广机制不断完善，率先在粤港澳大湾区先行定点使用新疗法。吸引世界知名医药企业、医疗机构来粤设立生产基地、区域总部或研发中心5个左右。推动重点企业加快开拓国际新兴医药市场，国际合作水平不断提升。

三、重点任务

（一）完善双核多节点产业空间布局，打造生物医药与健康产业集聚区

打造以广州、深圳市为核心，以珠海、佛山、惠州、东莞、中山市等为重点的产业创新集聚区。支持广州市打造粤港澳大湾区生命科学合作区和研发中心，布局生命科学、生物安全、研发外包、高端医疗、健康养老等领域。支持深圳市建设全球生物医药创新发展策源地，做精做深高性能医疗器械、生物信息、细胞与基因治疗等领域。支持珠海打造生物医药资源新型配置中心，重点发展现代中药标准化、高端制剂、医养结合等领域。支持佛山、中山市打造生物医药科技成果转化基地、生物医药科技国际合作创新区。支持惠州、东莞市打造国内重要的核医学研发中心、生物医药研发制造基地。支持江门、肇庆市建设再生医学大动物实验基地、南药健康产业基地。在粤东粤西粤北地区布局建设化学原料药生产基地、道地药材和岭南特色中药材原料产业基地，发展康复保健、养生养老等产业。（省发展改革委、科技厅牵头，省工业和信息

化厅、农业农村厅、卫生健康委和各地级以上市人民政府按职责分工负责）

（二）推动上下游企业协同发展，提升生物医药与健康产业集群价值链

围绕创新链布局产业链，支持生物医药与健康企业加大研发投入，加强企业研发机构建设，推动医药健康创新成果快速转移转化并促进产业转型升级。做大做强生物医药与健康龙头骨干企业和创新型企业，不断壮大集群企业队伍，构建线上线下相结合的大中小企业创新协同、产能共享、产业链供应链互通的新型产业生态。支持生物医药与健康重点企业瞄准产业链关键环节和核心技术实施兼并重组，加快产业链关键资源整合，培育一批“链主”企业和生态主导型企业。推动集群企业与信息服务、研发外包、智慧物流、现代供应链等服务业融合发展，提升生物医药与健康产业集群竞争力。（省工业和信息化厅牵头，省发展改革委、科技厅、卫生健康委、药监局按职责分工负责）

（三）强化科技创新支撑，提升生物医药与健康产业发展动能

围绕产业链部署创新链，聚焦生物医药与健康领域技术前沿和产业创新发展需要，开展源头创新和底层基础性技术攻关，实现基础研究、应用基础研究、前沿技术开发、成果转化和产业化全创新链布局。围绕产业集群需求，建设一批新型基础设施和重大创新平台，提升产业技术创新能力。完善产业创新服务体系，加快生物医药专业孵化器、研发外包、检测检验等服务机构建设。加强产学研医合作，联合共建研究中心、实验室和临床医学研究中心等协同创新平台，推动研究成果从实验室走向市场，加快新技术、新产品转化应用。对接国内外高端生物医药创新资源，推动生物医药与健康领域国家重大科技项目和成果在广东先行先试和落地转化。（省科技厅牵头，省发展改革委、卫生健康委、中医药局、药监局按职责分工负责）

（四）加强公共卫生应急管理体系建设，提升生物安全治理水平

完善公共卫生重大风险研判、评估、决策、防控协同机制，建立监测预警大平台。加强传染病防控和公共卫生科技攻关体系建设，推动公共卫生应急科技协同创新，提

升药品、疫苗、检测试剂和医用防护物资研制、生产和储备能力，建立战略性防控药物临床研发评价体系。推动生物安全治理体系建设，布局建设一批高等级生物安全实验室，促进人类遗传资源的有效保护和合理利用，加强对不同等级风险生物技术研发活动的安全管理，提升生物安全防控能力。（省卫生健康委牵头，省发展改革委、科技厅、工业和信息化厅、农业农村厅、中医药局、药监局按职责分工负责）

（五）深化体制机制改革，打造一流的粤港澳大湾区产业创新生态

加快药品器械审评审批机制改革，推进建立国家药品监督管理局粤港澳大湾区药品和医疗器械审评检查中心。全面推进告知承诺制、默示许可制、附条件审批、滚动审评等审评审批制度改革，加快创新产品注册上市。完善创新产品应用推广制度，推动医药健康新产品惠民应用。发挥产业投资基金、风险投资、创业投资等作用，提升金融服务产业集群建设能力。完善粤港澳生物制品、生物材料、实验动物通关机制。完善高层次人才引进培养和评价机制，汇聚产业高层次人才和团队。积极推进产业链国际合作，支持企业深度参与全球分工，加强与创新型国家及“一带一路”沿线国家开展生物医药与健康产业交流。（省科技厅、药监局牵头，省人力资源社会保障厅、医疗保障局、地方金融监管局，海关总署广东分署按职责分工负责）

四、重点工程

（一）十大产业特色园区建设工程

发挥广州国际生物岛、广州科学城生物产业基地、中新（广州）知识城生命健康产业基地、深圳坪山国家生物产业基地、深圳坝光国际生物谷、珠海金湾生物医药产业园、横琴粤澳合作中医药科技产业园、中山国家健康科技产业基地、佛山高新区医药健康产业园、东莞松山湖生物基地等产业集聚带动作用，建设十大综合性产业园区。支持惠州、江门、肇庆及粤东粤西粤北地区建设一批产业特色园区，推动韶关国家健康医疗大数据应用示范（粤港澳）中心与产业园建设。支持园区建设药物筛选、中试放大、临床前评价、注册申请等公共服务平台，完善危险废物、污水废水处理等配套

设施，建立绿色低碳的发展模式。（省科技厅、工业和信息化厅牵头，省发展改革委、卫生健康委、中医药局和各地级以上市人民政府按职责分工负责）

（二）优势领域产业集群培育工程

围绕生物药、化学药、现代中药、高端医疗器械、医疗服务、健康养老等重点领域，培育一批具有比较优势的细分领域产业集群。加速创新药物战略布局，大力发展抗体、蛋白及多肽、核酸等新型生物技术药物。推动化学药物品质全面提升，加速小分子化学创新药物的产业化，发展新型制剂技术产品。加快中医药标准化、国际化，培育现代中药大品种，推进道地中药材优良品种的选育和规范种植，打造一批从原料药、中药材到药品的示范产业链。推动高端医疗器械研发产业化，发展高质量植介入产品、康复产品和高性价体外诊断产品。鼓励发展精准医疗、智能医疗设备、医疗云计算等新业态，打造智慧医疗健康新兴产业。（省科技厅牵头，省工业和信息化厅、卫生健康委、中医药局、药监局按职责分工负责）

（三）多梯次企业集群建设工程

支持医药健康行业龙头骨干企业收购、兼并、重组上下游企业，形成一体化企业集团。实施高新技术企业树标提质计划，遴选一批创新实力强的生物医药与健康企业建立创新型企业培育库，培育一批“独角兽”企业、“瞪羚”企业。建立“小升规”重点企业培育库，推动主营业务收入1000万～2000万元的小微工业企业上规模。在高校、科研机构和医疗机构集中区域布局建设一批医药健康专业孵化器，培育一批“专精特新”中小企业。依托省领导联系跨国企业直通车机制和国际交流平台，吸引国内外生物医药与健康知名机构、世界500强制药企业、全国医药工业百强企业等来粤设立生产基地、区域总部或研发中心。加强产品品牌建设，发展一批临床价值大、规模效益明显的生物医药与健康知名品牌。（省科技厅、工业和信息化厅牵头，省商务厅、卫生健康委、市场监管局、药监局和各地级以上市人民政府按职责分工负责）

（四）产业集群核心关键技术强基工程

发挥省基础与应用基础研究基金及省市省企联合基金作用，实施基础与应用基础研究重大项目，重点支持脑科学、生命组学、再生医学等基础研究。实施生物技术安全、合成生物、绿色生物制造和生物医用材料等专项，提升生物制造能力和生物安全治理水平。围绕重大疾病、常见多发病、突发性传染病，组织实施精准医学与干细胞、新药创制、高端医疗器械、中医药关键技术装备等专项，提升医药制造、医疗仪器设备及器械制造水平。围绕应对重大突发公共卫生事件需求，支持生物疫苗、抗病毒创新药和体外诊断等研发。围绕高致病性禽流感、布鲁氏菌病等重要人畜共患病开展防控关键技术攻关。支持南海特色海洋生物来源的创新药物研发，构建海洋生物医药中高端产业链。促进生物技术与信息技术融合发展，推进智慧医疗相关成果的研发、转化与应用。布局临床医学研究科技专项，促进大规模、多中心、高质量的临床诊疗规范研究。（省科技厅牵头，省卫生健康委、中医药局、药监局按职责分工负责）

（五）重大基础设施和平台建设工程

围绕国家重大战略需要，打造突破型、引领型、平台型三位一体的生物医药与健康科技创新高地。推动生物岛实验室、深圳湾实验室建设，支持省实验室面向生物医药与健康产业建设综合性大科学装置。在产业集群的核心区，加快建设国家基因库、脑解析与脑模拟设施、人类细胞谱系装置、精准医学影像大设施、合成生物研究设施等，布局生物样本库、健康医疗大数据中心等重大科技基础设施。布局建设若干个粤港澳联合实验室，推动粤港澳生物医药与健康产业深度合作。布局建设国家生物安全四级实验室（P4）和一批生物安全三级实验室（P3）。引进共建高水平创新研究院，支持国家级大院大所在粤建立分支机构，加强中国中医科学院广东分院、中国科学院药物创新研究院华南分院等建设。在优势领域创建国家临床医学研究中心，建设30家省级临床医学研究中心。打造具有影响力的国家医学中心和区域医疗中心。（省发展改革委、科技厅牵头，省卫生健康委、中医药局、药监局按职责分工负责）

（六）研发外包服务补强工程

落实药品上市许可持有人和医疗器械注册人制度，培育发展生物医药研发生产外包服务机构，打造药学研究、临床前安全性评价、临床研究、技术转让服务和咨询服务等研发服务链，建设全链条的研发外包服务中心。支持从事医药和生物技术研发、测试等外包服务企业申报认定技术先进型服务企业。落实药物非临床试验研究机构、药物临床试验机构、委托合同研究机构（CRO）、委托合同生产机构（CMO）、合同研发生产服务机构（CDMO）等奖补政策。建设全省生物医药产业服务平台，为产业创新发展、园区平台建设和成果需求对接等提供综合性服务。充分利用中国（广东）知识产权保护中心专利快速预审平台，加强高价值专利快速授权和布局。（省科技厅、药监局牵头，省工业和信息化厅、卫生健康委、市场监管局按职责分工负责）

（七）医疗健康产业优化升级工程

发展高端医疗服务业，建设一批特色诊断治疗专科，推动肿瘤免疫治疗、个体化疗、第三方医学检测等发展。大力发展健康养老产业，创新医疗机构与养老机构合作的养老模式，推进构建养老服务综合体。推进医养结合、智慧治疗、互联网诊疗、远程医疗等新型医疗服务模式，创新开发智慧健康产品。加快发展健康管理产业，围绕居民全生命周期健康管理，大力发展健康大数据开发与应用、健康检测咨询和保险服务。推动健康交叉产业发展，促进健康养老服务业与文化、旅游、体育等产业深度融合，发展集健康疗养、文化娱乐、休闲养生等于一体的养生旅游产业。（省卫生健康委牵头，省科技厅、民政厅、文化和旅游厅、中医药局按职责分工负责）

（八）粤港澳大湾区先行先试政策探索工程

对临床急需、已在港澳上市的药品，以及临床急需、港澳公立医院已采购使用、具有临床应用先进性的医疗器械，争取国家允许在粤港澳大湾区内地九市开业的指定医疗机构使用。争取国家允许在粤港澳大湾区内地九市指定医疗机构内提供已获发达国家或地区主管机构批准的前沿医疗治疗服务。鼓励港澳医务人员来粤开展学术交流，探索推动符合条件的港澳和外籍医务人员直接在粤港澳大湾区内地九市执业。推动在粤港澳大湾区内实施中成药注册标准、检验标准互认，构建一体化中药评审机制。（省卫生健康委、药监局牵头，省科技厅、港澳办、中医药局按职责分工负责）

五、保障措施

（一）加强组织领导

依托省制造强省建设领导小组，整合科技、工信、发改、卫健、医保、药监等部门力量，合力推动生物医药与健康产业发展。鼓励各地区培育区域特色产业集群，争创国家级产业集群。搭建生物医药科技创新成果转化、技术交流、战略咨询和公共服务平台。强化跟踪评估及统计监测，加强对各地、各部门推进生物医药与健康产业发展的动态跟踪。（省科技厅、工业和信息化厅牵头，省制造强省建设领导小组各成员单位按职责分工负责）

（二）加大资金支持

加大财政投入力度，强化风投创投扶持，引导社会资本投入生物医药研发创新、重大科技成果转化和企业孵化。支持重点企业境内外上市、挂牌，多渠道扩大直接融资。激励落实高新技术企业所得税减免、企业研发费用加计扣除、境外高端人才个人所得税优惠、技术改造奖补等政策。（省财政厅牵头，省科技厅、工业和信息化厅、地方金融监管局，省税务局按职责分工负责）

（三）加强人才保障

加大“珠江人才计划”“广东特支计划”等重大人才工程对生物医药与健康高层次人才支持。加强高校生物医药与健康学科建设和专业配置，引导高校与企业合作培养一批医药健康专业人才。完善人才评价体系，对研究者发起的临床试验视同科研项目纳入科研绩效考评。（省委组织部牵头，省教育厅、科技厅、人力资源社会保障厅、卫生健康委按职责分工负责）

（四）加强知识产权创造

开展生物医药与健康领域高价值专利培育，加强知识产权储备和运营。深入开展集群重点技术领域专利导航，建立产业细分领域专利数据库。开展生物医药与健康产业关键技术领域发明专利优先审查和专利快速预审、确权、维权和协同保护工作。在广东股权交易中心开辟生物医药产权交易专项板块，提供知识产权金融服务。（省市场监管局牵头，省科技厅、工业和信息化厅、地方金融监管局按职责分工负责）

（五）加大用地保障

鼓励有条件的地区将产业集群建设内容纳入各地国土空间规划，加强用地供给。对将“三旧”改造用地用于生物医药与健康产业科技创新类项目的县（区），省按相关规定奖励新增建设用地计划指标。国家下达的年度林地定额，优先用于生物医药与健康产业领域科技创新项目建设，该类项目使用林地申请优先受理审核。（省自然资源厅牵头，省科技厅、林业局按职责分工负责）

（六）强化应用推广

推动我省生产的高品质药品纳入国家基本医疗保险药品目录，并扶持纳入国家基本药物目录。对纳入《广东省首台（套）重大技术装备推广应用指导目录》的医疗专用设备，采用首购、订购等方式采购，促进生物医药新产品的研发和示范应用。鼓励在粤医疗机构加大对疗效确切、质量可控、供应稳定的创新药品和医疗器械的采购比重，开展国产药品和医疗器械的应用评估与医疗机构考核工作。（省医保局牵头，省工业和信息化厅、卫生健康委、中医药局、药监局按职责分工负责）

江阴特钢新材料创新型产业集群

关于加快产业强区建设的实施意见
（澄高管〔2017〕30号）

为深入推进产业强区、创新驱动、绿色发展战略，加快推动苏南国家自主创新示范区建设，奋力打造“高新产业集聚区、创新驱动示范区、美丽和谐幸福区”，根据江阴市委、市政府《关于加快产业强市建设的若干政策意见》（澄委发〔2016〕13号）、《关于优化完善产业强市政策的意见》（澄委办〔2017〕17号）等文件精神，结合高新区实际，制定以下实施意见。

一、打造特色产业集群

1. 鼓励重大产业项目落地

对符合高新区产业集群发展方向，有利于迅速带动和形成特钢及金属制品、微电子集成电路、生物医药、机械智能制造（高端装备制造）四大创新型产业集群发展的重大产业项目，经认定，在无锡或江阴市政策基础上，再给予30%的配套项目补助。

2. 鼓励主导产业技术改造

对列入无锡或江阴市政策支持的一般技术改造项目，经认定，符合高新区产业集群发展方向的，在无锡或江阴市政策基础上，再给予30%的配套装备补助。

3. 鼓励前瞻性产业和优势产业发展

对省委、省政府《实施意见》中明确要求发展的纳米材料、石墨烯、未来网络、北斗应用、高端软件、新能源、节能环保等产业的重大产业项目，经认定，有利于带动高新区产业转型升级、创新发展的，在无锡或江阴市政策基础上，再给予20%的配套项目补助。

二、提升智能制造水平

4. 支持企业加速智能化改造

（1）对列入市政策支持的智能化技术改造项目，经认定，符合高新区产业集群发展方向的，在市政策基础上再给予 50% 的配套补助；高新区产业集群发展方向以外的，在市政策基础上再给予 40% 的配套补助。

（2）对列入市政策支持的中小微企业创新能力提升项目，经认定为智能化技术改造项目的，在市政策基础上再给予 1∶1 的配套补助。

（3）对当年获评国家智能工厂或工信部智能制造试点示范项目、省示范智能车间的企业，在上级政策基础上再分别给予 100 万元、50 万元的一次性配套奖励。

5. 支持企业加快两化融合

（1）对列入市政策支持的两化融合项目，经认定，符合高新区产业集群发展方向的，在市政策基础上再给予 40% 的配套补助；高新区产业集群发展方向以外的，在市政策基础上再给予 30% 的配套补助。

（2）对当年获得国家级、省级两化融合示范、贯标、贯标试点的企业，在上级政策基础上再分别给予 15 万元、10 万元的一次性配套奖励。

（3）对当年获得无锡市级、江阴市级两化融合示范、贯标、贯标试点的企业，分别给予 5 万元、3 万元的一次性奖励。

6. 支持企业转投智能装备生产

（1）对转投智能装备生产的企业项目，在享受项目补助的基础上，经认定，对设备及软件技术投资额 200 万元以上、500 万元以下的，再给予 10 万元的一次性奖励；对设备及软件技术投资额 500 万元以上、1000 万元以下的，再给予 20 万元的一次性奖励；对设备及软件技术投资额 1000 万元以上的，再给予 30 万元的一次性奖励。

（2）对研发生产工业机器人、高档数控机床、增材制造（3D 打印）、自动化成套生产线（自动化设备）、智能控制系统、精密智能仪器仪表或以上设备核心关键零部件的企业，经认定为智能装备生产企业，年营业收入首次达到 5000 万元、1 亿元、3 亿元、5 亿元、10 亿元的，分别给予 5 万元、10 万元、30 万元、50 万元、100 万元的一次性奖励。

三、加快转型优化发展

7. 提高企业产出贡献

对在高新区年地方贡献2000万元以上的工业企业，每超历史峰值200万元奖励10万元，最高不超过500万元。对在高新区年地方贡献首次超过2000万元、5000万元、1亿元、2亿元的工业企业，分别给予100万元、250万元、500万元、1000万元的一次性奖励。

8. 提升企业创新能力

（1）对列入市政策支持的企业技术中心项目，在市政策基础上再给予1∶1的配套补助；对当年获批国家级、省级企业技术中心的企业，在市政策基础上再分别给予50万元、20万元的一次性配套奖励；对当年获批无锡市企业技术中心的企业，给予10万元的一次性奖励。

（2）对当年获得省经信委认定的新技术、新产品，每个补助1万元。

（3）对当年通过国家级、省级首台（套）重大装备及关键部件认定的企业，在市政策基础上再分别给予50万元、30万元的一次性配套奖励。

（4）对当年获评技术创新示范企业、服务型制造示范企业和获得技术创新奖的企业，在市政策基础上按照国家级、省级再分别给予20万元、10万元的一次性配套奖励。

9. 加强标准化建设

（1）对当年在标准组织中承担国际标准化技术委员会（秘书处）、分会、工作组的，在市政策基础上再分别给予20万元、15万元、10万元的一次性配套奖励；对当年承担全国标准化技术委员会、分会、工作组的，在市政策基础上再分别给予15万元、10万元、5万元的一次性配套奖励。

（2）对当年作为标准研制项目第一起草单位的企业，在市政策基础上再给予一次性配套奖励：国际标准10万元/只，国家标准5万元/只，行业标准3万元/只。

10. 提升质量水平

（1）对当年获得中国质量奖或中国质量提名奖、江苏省质量奖或江苏省质量管理优秀奖、无锡市市长质量奖、江阴市市长质量奖的企业，在市政策基础上再分别给予 50 万元、30 万元、20 万元、10 万元的一次性配套奖励。

（2）对当年获评中国出口质量安全示范荣誉的企业，在市政策基础上再给予 20 万元的一次性配套奖励。

（3）对当年获评江苏省质量信用 AA 级和 AAA 级的企业，给予 5 万元的一次性奖励。

11. 推进品牌建设

对当年获评中国名牌产品或中国驰名商标的企业，在市政策基础上再给予 10 万元的一次性配套奖励；对当年获评省名牌产品或省著名商标的企业，在市政策基础上再给予 5 万元的一次性配套奖励。

12. 加强社会信用体系建设

对当年获评省级信用管理示范企业的，在市政策基础上再给予 10 万元的一次性配套奖励；对当年获评无锡市信用管理示范企业的，给予 5 万元的一次性奖励。

13. 加快国际化步伐

（1）对有出口实绩的企业，参加上级组织或认定的重点境外展会，经备案，在市政策基础上再给予 50% 的配套补助。

（2）对出口额超去年同期 400 万美元不满 800 万美元的企业，给予 10 万元一次性奖励；对进口额超去年同期 500 万美元不满 1000 万美元的企业，给予 4 万元一次性奖励；对出口额超去年同期 800 万美元以上和进口额超去年同期 1000 万美元以上的企业，享受江阴市外贸政策。

14. 推动企业上市进程

（1）对列入主板和创业板挂牌上市计划的重点后备企业，按照企业完成股份制变更、进入上市辅导、上报申报材料、挂牌交易四个阶段，在市政策基础上再分步兑现 30 万元、30 万元、60 万元、80 万元的一次性配套补助。企业境外上市参照本条款执行。

（2）对列入新三板上市计划的重点后备企业，按照企业改制结束、上报新三板申请材料和挂牌交易三个阶段，在市政策基础上再分步兑现 20 万元、30 万元和 50 万元的一次性配套补助。

15. 引导企业做大做强

（1）对当年获评“全球卓越绩效奖”“中国工业大奖”“中国工业大奖表彰奖”等重大荣誉的企业，在市政策基础上再给予 50% 的一次性配套奖励。

（2）对当年获评国家制造业单项冠军示范企业、培育企业的，在市政策基础上再分别给予 20 万元、10 万元的一次性配套奖励。

（3）对当年入选中国企业 500 强、中国制造业企业 500 强、中国服务业企业 500 强、中国民营企业 500 强的企业，在市政策基础上再分别给予 50 万元、30 万元、30 万元、20 万元的一次性配套奖励。对首次入选中国企业 500 强的企业，给予 200 万元的一次性奖励；对首次入选中国制造业企业 500 强、中国服务业企业 500 强、中国民营企业 500 强的企业，给予 100 万元的一次性奖励。本条款单个企业按最高标准不重复奖励。

四、加强安全环保管理

16. 鼓励企业加大安全环保投入

（1）对当年安全设备投入额 100 万元以上的非安全服务类企业，按照实际装备投入金额的 5% 予以补助，最高不超过 100 万元。已享受其他条款的不重复补助。

（2）对项目纳入省环保项目储备库管理，并于当年取得省级环保专项资金奖补的企业，在省级奖补资金基础上再给予 20% 的配套补助，最高不超过 100 万元。已享受其他条款的不重复补助。

17. 鼓励企业安全环保托管

对当年依托中标中介机构实施安全环保托管的企业，按托管合同价的 30% 予以补助，最高不超过 1 万元。

18. 鼓励企业安全环保创建

（1）对当年获评一级、二级安全标准化的企业，分别给予 20 万元、10 万元的一次性奖励；对当年获评省级以上安全文化示范企业的，给予 10 万元的一次性奖励；对当年获评无锡市级以上职业卫生示范企业的，给予 2 万元的一次性奖励。

（2）对当年获得环境友好、绿色工厂等荣誉的企业，按国家级、省级分别给予 20 万元、10 万元的一次性奖励。

19. 鼓励企业推进节能降耗

对列入市政策支持的节能改造项目、资源综合利用项目、智慧化能源监测管理项目、节能新技术新产品推广项目、合同能源管理项目，在市政策基础上再给予 20% 的配套补助。

20. 加强淘汰落后产能整治

对市政府“四个一批”专项行动领导小组办公室认定关停的化工生产企业，符合市淘汰落后产能奖励政策的，在市政策基础上再给予 30% 的一次性配套奖励。

本意见自 2018 年 1 月 1 日起执行，由高新区经济发展局、财政局负责解释。此前与本意见有关规定不一致的，按照本意见执行，涉及无锡市或江阴市配套政策的，按照“从高不重复”的原则执行。

关于深入推进苏南国家自主创新示范区建设加快推动高新区高质量发展若干政策措施的实施细则

第一章　总则

第一条　为深入实施创新驱动和产业强区战略，扎实推进苏南国家自主创新示范区核心区建设，全面开展创新提质行动，根据《关于深入推进苏南国家自主创新示范区建设加快推动高新区高质量发展的若干政策措施（试行）》（澄高委〔2020〕3号）文件精神，特制定本实施细则。

第二条　本实施细则适用于江阴高新区管理范围内注册的具有独立法人资格的企业。

第二章　支持政策

第三条　推进产业技术创新平台建设。

1. 聚焦“1+3+1”主导产业，鼓励全球知名高校、科研院所、著名科学家团队，在江阴高新区创建技术创新中心等创新平台，并积极争创国家大科学装置、国际大科学计划、国家技术创新中心的，按照“一事一议”方式给予支持，最高1亿元。

2. 鼓励企业建设江苏省及以上技术创新中心、重点实验室、企业院士研究院等研发机构，自获批后三年内，每年根据企业享受研发费加计扣除额新增部分的5%给予经费支持，累计最高5000万元。

第四条　推动产业前瞻技术研究。

1. 对企业参与或承担国家科技重大专项的，根据企业实际承担课题所获国家下拨经费给予1:0.5配套资助，最高1000万元。

2. 对获得国家、江苏省重点研发计划项目的，根据国家、江苏省拨经费给予1:1

配套资助，最高100万元。

3. 对在国家科学技术进步奖、国家自然科学奖、国家技术发明奖评选中获得特等奖、一等奖、二等奖的，分别给50万元、40万元、30万元奖励；对获得国家最高科学技术奖、中华人民共和国国际科学技术合作奖的，给予50万元奖励。对获得江苏省科学技术项目奖一等奖、二等奖、三等奖的，分别给予30万元、20万元、10万元奖励；对获得江苏省科学技术突出贡献奖、江苏省技术创新奖、江苏省国际科学技术合作奖的，给予30万元奖励。对获得无锡市“腾飞奖”的，给予10万元奖励。

4. 组织实施创新型产业集群培育计划专项资金项目，单个项目给予最高50万元资助。

第五条　开展产业核心技术攻关。

1. 针对主导产业的技术短板和创新需求，建立产业核心技术攻关“揭榜制”。支持产业技术研究院或创新联盟以课题制形式，组织上下游企业、高校院所开展产业核心技术联合攻关。组织实施核心技术成果产业化项目，给予单个项目最高400万元资助。

2. 对获得江苏省科技成果转化专项资金江阴高新区专题项目的，根据省拨经费给予1∶1配套资助。

3. 对获批国家、江苏省、江阴市产业技术创新战略联盟的牵头企业，分别给予50万元、20万元、10万元奖励。

第六条　建立高新技术企业培育库。

1. 对江阴高新区高新技术企业培育库入库企业，根据企业上年度研发费的50%给予补贴，每年最高2万元，补贴时间最长三年。

2. 组织实施科技型中小企业技术创新专项资金项目，单个项目给予最高20万元资助。

第七条　支持高新技术企业规模化。

对高新技术企业中新增的规模以上企业，根据企业享受研发费用加计扣除优惠政策且未享受高新技术企业所得税税收优惠的，按研发经费的5%给予补贴，最高30万元。

第八条　促进高成长科技企业发展。

1. 对首次认定为国家、江苏省独角兽企业、潜在独角兽企业、瞪羚企业的，分别给予100万元、30万元、10万元奖励。

2. 对首次评价遴选为无锡市准独角兽、瞪羚、雏鹰的企业，根据江阴市奖励标准给予1∶1配套奖励，最高100万元。

3. 对通过江苏省技术先进型服务企业认定的，给予20万元奖励；对通过江苏省研发型企业认定的，给予20万元的研发补助。

第九条　鼓励企业开展产学研合作。

1. 对企业与国内外高校、科研院所开展产学研合作，在“技联在线”网站校企联盟备案系统登记备案的，按合同期内当年度企业实际支付高校院所经费的20%给予补贴，单个企业最高50万元。

2. 对组织企业走出去与高校院所开展产学研合作对接活动的行业协会、商会等，经备案的，根据活动实际发生场租、布展、交通等费用的50%给予经费补贴，每年最高10万元。

第十条　形成科技成果转化应用示范。

1. 对引进国家重大专项在高新区转移转化、引进知名院士在高新区建站、引进高新技术企业在高新区落地的技术转移机构，每引进上述1个项目，根据协议给予5万元奖励，每个机构每年最高奖励20万元。

2. 对当年与国内外高校院所、品牌机构合作共建的技术转移机构，经备案，给20万元启动经费补贴。对经备案的技术转移服务机构，每引进10家科技企业并被纳入高新区高新技术企业培育库的，给予5万元运营经费补贴，每个机构每年最高30万元。

第十一条　建好技术产权交易市场。

1. 支持江苏省技术产权交易市场江阴分中心建设，根据整合资源、服务供需、培育人才、举办活动等目标任务完成情况，每年给予30万元运营经费补贴和最高70万元目标考核奖励。

2. 对引进技术成果并成功在高新区转化的，按登记技术合同实际成交额的5%，给予单个企业每年最高30万元奖励；对促成科技成果在高新区转移转化的技术转移机构，按登记技术合同实际成交额的2%，给予单个机构每年最高15万元奖励；对技术经理人开展的技术转移活动，按登记技术合同实际成交额的1%，给予每人每年最高10万元奖励。

第十二条　建设科技服务业集聚区。

1. 集聚国内外知名的研发设计、创业孵化、技术转移、知识产权、检验检测认证、科技金融、科技咨询等服务机构入驻江阴高新区科技服务业集聚区。对经入库备案的机构，给予最高免三年房租优惠。重点推进检验检测认证、技术转移转化等科技公共服务平台建设，经论证立项后，根据建设协议，每年给予平台运营主体最高30万元运营经费补贴和最高200万元绩效奖励。

2. 对获评江苏省科技公共服务平台的，根据运行绩效给予最高500万元奖励。

3. 对列入江苏省大型科学仪器设备共享服务平台用户的企业，根据江苏省下拨资金给予1∶1配套补贴。

第十三条　高水平建设知识产权强区。

围绕主导产业开展产业专利导航和专利预警分析。推进知识产权运营服务平台建设，对获批无锡市及以上知识产权运营服务平台的，建设期内分期给予最高200万元支持。对获批无锡市、江苏省、国家级知识产权服务业集聚区的，分别给予300万元、400万元、500万元支持。

第十四条　优化科技金融服务体系。

对落户江阴高新区的天使投资、创业投资机构首次向区内科技型中小企业投资的，按实际货币投资金额的20%给予补贴，单个机构最高30万元；对新增投资区内科技型中小企业累计2家以上的，按实际货币投资金额的10%给予补贴，单个机构每年最高50万元。

第十五条　鼓励科技企业孵化器（包括众创空间）建设。

1. 对利用闲置厂房、楼宇、存量土地等新建（改建）为科技企业孵化器，经备案认定的，每年给予最高100万元运营经费补贴。对新建的离岸孵化器或异地孵化器，经备案认定的，根据协议每年给予最高200万元运营经费补贴。

2. 对获批的国家、江苏省、无锡市科技企业孵化器，分别给予100万元、50万元、20 万元资助。

3. 对获批国家、江苏省、无锡市、江阴市众创空间的，分别给予 30 万元、20 万元、15 万元、10 万元资助。

4. 对已认定的市场化运营的孵化器、众创空间，每新认定 1 家高新技术企业给予 5 万元奖励，每年奖励最高 100 万元；被江苏省及以上科技部门评价为良好及以上的，按照高新区科技企业孵化器管理的政策给予配套奖励。

第十六条　加快融入长三角一体化。

企业在境内设立的异地（江阴市以外）控股研发机构，经备案，对技术成果在高新区转化的，按登记技术合同实际成交额的 5%，给予单个企业每年最高 100 万元奖励。

第十七条　加强国际科技创新合作。

1. 对企业在境外设立的海外控股研发机构，经备案，对技术成果在高新区转化的，按登记技术合同实际成交额的 5%，给予单个企业每年最高 200 万元奖励。对企业在海外新设立独立运营的技术转移中心、创新创业基地，经备案认定的，根据协议每年给予最高 200 万元运营经费补贴。

2. 科技创新类国际组织在江阴高新区设立总部、分支机构，经江苏省有关部门新认定的研发类外资总部企业，给予 300 万元经费补贴，在建设期内，按 4∶3∶3 的比例分 3 年拨付。

第十八条　支持企业创新合作交流。

1. 对江阴高新区统一组织参加各类科技展会的企业，根据参展实际发生场租、布展、交通等费用的 50% 给予一次性经费补贴，每年最高 10 万元。

2. 经江阴高新区委托，对在江阴高新区发起、组织重大学术会议、专业论坛等活动的国内外知名学术机构、学术组织、企业，根据活动实际费用的 50% 给予一次性经费补贴，每年最高 100 万元。

第十九条　打造创新创业活动品牌。

1. 由社会机构在江阴高新区组织承办的创新创业比赛，经备案的，根据赛事实际发生的场租、布展、交通等费用的 50% 给予经费补贴，最高 20 万元。

2. 对由科技系统推荐参加江阴市以上创新创业大赛的企业，按获奖金额 1∶1 给予奖励。

第二十条　建设企业科技专员队伍。

设立企业科技专员工作专项经费 30 万元，用于企业协助开展高新区争先进位、创新型企业申报认定、科技项目管理、研发机构管理、科技统计调查研究、政策法规学习培训等工作。对致力于科技创新、配合科技管理、取得显著成效的个人，给予每人 2000 元奖励。

第三章　申报流程及要求

第二十一条　由江阴高新区科技局发布申报通知（创新型产业集群培育计划专项资金项目、科技型中小企业技术创新专项资金项目、核心技术成果产业化项目、江阴高新区高新技术企业培育库、科技企业孵化器另行申报），以企业为单位组织申报。高新区科技局负责对申报材料进行汇总初审，会同财政局、审计局审核后，报高新区科技和人才工作领导小组研究确定政策支持名单。

第二十二条　申报单位应如实填写申报材料，必须对所提供材料的真实性、有效性、完整性、合法性负责，严禁弄虚作假，否则将依法追究申报企业及相关人员的责任。

第二十三条　加强项目跟踪管理。获得专项资金扶持的单位须按规定使用资金。评审类项目在项目到期时需进行项目验收并提供审计报告等材料。

第二十四条　加强科技信用管理。建立科技诚信数据库，对科研信用不良的科技人员和项目承担单位，阶段性或永久取消其申请江阴高新区及以上财政资助项目或参与项目管理的资格。

第四章　附则

第二十五条　本实施细则自 2020 年 1 月 1 日起实施，由江阴高新区科技局、财政局负责解释。本实施细则与江阴高新区此前出台的政策有重复、交叉的，按照“从新、从优、从高”的原则执行。上级有关政策调整或另有规定的，按上级政策意见执行。

江阴高新区创新型产业集群培育计划专项资金管理办法

第一条　为规范和加强江阴高新区科技创新资金的管理，提高资金的使用效率，根据《江阴高新区财政资金管理办法》，制定本办法。

第二条　根据《关于深入推进苏南国家自主创新示范区建设加快推进高新区高质量发展的若干政策措施（试行）》（澄高委〔2020〕3号）第二条规定，设立创新型产业集群发展培育计划专项资金（以下简称专项资金）。

第三条　专项资金管理遵循公开透明、规范管理、绩效评价、跟踪监督的原则。

第四条　专项资金支出的范围和要求：

（一）支持范围

围绕高新区建设“1+3+1”先进制造业体系的发展目标，支持以下创新型产业领域的重点培育计划项目：

1. 特钢及金属新材料产业：高品质特殊钢，绿色化与智能化钢铁制造流程，高性能交通与建筑用钢，高性能金属线材制品，大规格高性能轻合金材料及特钢制品等相关领域。

2. 微电子及集成电路产业：集成电路设计，集成电路芯片制造，集成电路封装，集成电路测试，集成光电子器件设计和制造，集成电路相关材料制备，区块链，人工智能，数据分析等相关领域。

3. 现代中药及生物医药产业：中成药、中药饮片、中药配方颗粒等现代中药研制；蛋白质类创新药、医用新材料、体外诊断试剂、抗体药物等创新药物研制；影像诊断设备、骨科及植入性医疗器械、口腔科产品、医用耗材、生物活性添加剂、医疗器械等相关领域。

4. 机械智能制造产业：智能化高档数控系统；高端数控机床及加工中心；高效高可靠、柔性化自动生产线；智能化产品设计、工业物联网、智能工控系统、3D 打印设备；智能化成套装备；智能机器人、智能仪表、智能硬件、无人机等相关领域。

5. 新能源汽车及关键零部件产业：辅助和无人驾驶、车路协同、智慧座舱、能源管理等关键技术；分布式驱动电机、混合动力驱动系统、固态激光雷达、车物互联（V2X）底层通信等关键技术及部件；固态锂离子电池、固体氧化物燃料电池、氢燃料电池等高功率密度动力电池、高性能充电系统等关键技术及部件。

（二）支持对象

依法在高新区注册登记，具有独立法人资格的企业或单位。

（三）申报条件

1. 申报单位的注册资本不低于 200 万元，上年度销售收入达到 500 万元以上（其中，微电子及集成电路产业、现代中药及生物医药产业领域企业不做销售要求），上年度研发费用总额占同期销售收入总额的比例不低于 3%。

2. 申请项目符合高新区产业政策，具有自主知识产权（拥有发明专利 1 项以上，或 PCT 申请 1 项以上），创新性强、市场潜力大、成熟度高，建有研发机构。

3. 申请项目实施周期一般为 1 年，最长不超过 2 年。项目实施期间，新增项目累计投入 300 万元以上。

4. 具有较强的科技创新能力或与国内外高校、科研机构有稳定的合作关系。

第五条　申请者需提供以下材料，并对材料的准确性、真实性负责。

（一）《江阴高新区创新型产业集群培育计划专项资金申报书》。

（二）相关附件材料，包括企业法人营业执照、上年度会计报表、查新报告、专利证书复印件等有关资料。

（三）上级部门已立项的项目，不可以再申报本级项目；有未结项目的单位，不能申报本年度项目；同一项目单位不能同时申报同一年度的高新区其他科技计划项目（后补助项目除外）。

第六条　专项资金申报程序。

（一）申报指南编制及发布。按照高新区创新型产业集群发展目标要求，由高新区科技局会同财政局共同发布年度专项资金项目申报指南，明确年度支持项目要求。

（二）项目申报及受理。凡符合当年度专项资金项目申报指南要求的，由项目承担单位在江阴高新区建设促进服务中心网站通用科技申报系统中进行申报，并提交申报材料至高新区科技局。

（三）项目评审及确定。高新区科技局对申报材料进行形式审查后，组织实施专家评审、现场考察，报高新区科技和人才工作领导小组批准后办理有关手续。对经高新区科技和人才工作领导小组审批通过的资助项目进行公示。

第七条　项目跟踪管理及验收程序。

（一）项目跟踪管理。列入资助的项目，必须严格按合同规定执行，如有与合同约定内容变化较大的事由，项目承担单位必须及时提交书面申请，经高新区科技局、财政局会商审批后方可调整。

（二）项目验收。高新区科技局在项目合同书截止期前 1 个月通知项目承担单位及负责人做好项目结题（验收）准备，并加强对结题（验收）准备工作的指导，在项目实施目标、任务基本完成后，对项目进行验收。验收工作在合同期满 1 个月内提出验收申请。若项目承担单位未按计划进度完成目标任务，不具备验收条件的，需提出延迟验收申请报告并说明理由。未提交报告说明情况，视作为验收不合格，取消一切科技项目申报资格。

（三）建立项目结题（验收）财务审计制度。项目承担单位选择符合条件的、有资质的会计师事务所进行财务审计，未经第三方财务审计的不得办理结题（验收）手续。

第八条　建立科技信用管理体系。建立覆盖指南编制、项目申请、评估评审、立项、执行、验收全过程的科技信用记录制度。建立科技诚信数据库，对科研信用不良的科技人员和项目承担单位，取消其三年内申请高新区及以上财政资助项目或参与项目管理的资格。

第九条　建立绩效考评制度。高新区科技局、财政局应共同做好对获得专项资金扶持的企业或单位的专项资金绩效评价工作。

第十条　本管理办法由高新区科技局、财政局负责解释。

第十一条　本管理办法自颁布之日起施行。

江阴高新区科技型中小企业技术创新专项资金管理办法

第一条　为规范和加强江阴高新区科技创新资金的管理，提高资金的使用效率，根据《江阴高新区财政资金管理办法》，制定本办法。

第二条　根据江阴高新区印发《关于深入推进苏南国家自主创新示范区建设加快推进高新区高质量发展的若干政策措施（试行）》（澄高委〔2020〕3 号）第四条规定，设立科技型中小企业技术创新专项资金（以下简称专项资金）。

第三条　专项资金的申请、使用和管理遵循属实申请、公开受理、科学评估、公平公正、择优支持、专款专用的原则。

第四条　专项资金依据高新区科技发展规划和年度科技工作目标任务，由高新区科技局会同财政局共同发布年度专项资金项目申报指南，明确年度支持领域重点及项目要求。

第五条　专项资金主要支持尚处于研发阶段、尚未形成有效产品销售的新产品研制、开发与产业化。重点支持创业初期商业性资金进入尚不具备条件、最需要由政府扶持的科技型中小企业和微型企业技术创新；重点支持和鼓励海内外高端人才创新创业项目。

第六条　专项资金的申请者须符合下列基本条件：

（一）申请单位须是近五年注册（生物医药类企业放宽至七年）在高新区范围内的独立法人单位；职工总数不超过 300 人，资产总额及年营业收入均不超过 2 亿元。

（二）主要从事高新技术产品的研究、开发、生产或服务业务，且申报的项目必须在其企业法人营业执照规定的经营范围内。

（三）管理团队有较强的市场开拓能力和较高的经营管理水平，并有持续创新的意识。

（四）直接从事研究开发的科技人员占职工总数的比例10%以上。

（五）申请单位需有申请项目相关已授权的发明专利，或发明专利申请已进入实质性审查阶段，或已申请PCT专利。

（六）申请单位需与科研机构、大专院校开展产学研合作（需提供双方签章的合作协议）。

（七）有良好的经营业绩，资产负债率合理，不超过65%；每年用于技术产品研究开发的经费不低于当年销售收入的5%（当年注册的新办企业不受此款限制）。

（八）有健全的财务管理制度和合格的财务管理人员。

第七条　申请者需提供以下材料，并对材料的准确性、真实性负责。

（一）《江阴高新区科技型中小企业技术创新专项资金项目申报书》。

（二）产品测试报告、专利证书、检索查新报告复印件等其他项目相关的附件（根据需要提供）。

（三）上级部门已立项的项目，不可以再申报本级项目；有未结项目的单位，不能申报本年度项目；同一个项目单位不能同时申报同一年度的高新区其他科技计划项目（后补助项目除外）。

第八条　每年由高新区科技局和财政局联合发布项目申报指南，项目承担单位在江阴高新区建设促进服务中心网站通用科技申报系统中进行申报，并提交申报材料至高新区科技局。科技局负责项目申报受理，并对申请材料进行审查。审查内容主要包括：

项目申请者及合作方的资格与信誉度；

申报材料的完整性、合理性；

项目内容形式审查，包括实施的必要性、项目的可行性、申请单位或课题组的承担能力、经费预算的合理性以及是否符合经费重点支持方向等要求。

第九条　高新区科技局汇总申报项目初审意见后，对申报项目进行现场核查论证，并组织专家评审，形成核查意见或评审结果，提出拟立项项目及资金安排建议方案，经分管领导审核后，提交高新区科技局局务会议讨论审定，形成局拟立项项目及经费资助安排计划方案。

第十条　高新区科技局讨论审定形成拟立项项目及经费资助安排计划方案，经财政局核审后，报高新区科技和人才工作领导小组审议，经审议批准后由科技局和财政局联合下发立项文件，并按有关规定予以公示。

第十一条　高新区科技局和财政局联合按科技项目经费下达文件，并通知项目承担单位办理拨款手续，同时由科技局与项目承担单位签订《江阴高新区科技项目经费合同》。

第十二条　专项资金跟踪管理及验收程序：

（一）列入科技型中小企业技术创新专项资金的项目，必须严格按合同规定执行，如有与合同约定内容变化较大的事由，项目承担单位必须及时提交书面申请，经高新区科技局、财政局会商审批后方可调整。

（二）项目实施过程中，由高新区科技局组织有关部门对各项目进行中期检查。

（三）高新区科技局在项目合同书截止期前1个月通知项目承担单位及负责人做好项目结题（验收）准备，并加强对结题（验收）准备工作的指导，在项目实施目标、任务基本完成后，对项目进行验收。验收工作在合同任务完成后1个月内提出验收申请。若项目承担单位未按计划进度完成目标任务，不具备验收条件的，需提出延迟验收申请报告并说明理由。未提交报告说明情况，视作为验收不合格处理，取消一切科技项目申报资格。

第十三条　建立科技信用管理体系。建立覆盖指南编制、项目申请、评估评审、立项、执行、验收全过程的科技信用记录制度。建立科技诚信数据库，对科研信用不良的科技人员和项目承担单位，取消其三年内申请高新区及以上财政资助项目或参与项目管理的资格。

第十四条　建立绩效考评制度。高新区科技局、财政局应共同做好对获得专项资金扶持的企业或单位的专项资金绩效评价工作。

第十五条　当年度在高新区创新创业大赛获奖的项目，在高新区注册落户后优先给予列项支持。

第十六条　本管理办法由高新区科技局、财政局负责解释。

第十七条　本管理办法自颁布之日起施行。

关于深入推进苏南国家自主创新示范区建设加快推动高新区高质量发展的若干政策措施（试行）

为深入学习贯彻习近平新时代中国特色社会主义思想和党的十九大精神，扎实推进苏南国家自主创新示范区核心区建设，全面开展创新提质行动，加快构建以企业为主体、市场为导向、政产学研用深度融合为支撑的产业科技创新体系，努力建设“江苏有地位、全国有影响”的一流创新型特色园区，制定本政策措施。

一、抢占产业创新制高点

围绕产业链部署创新链，攻克一批“卡脖子”技术、谋划一批前沿性技术、掌握一批关键核心技术，打造具有国际竞争力的创新型产业集群。

1. 推进产业技术创新平台建设。聚焦“1 + 3 + 1”主导产业，鼓励全球知名高校、科研院所、著名科学家团队，在江阴高新区创建技术创新中心等创新平台，并积极争创国家大科学装置、国际大科学计划、国家技术创新中心的，给予最高 1 亿元经费支持。鼓励企业建设江苏省及以上技术创新中心、产业技术研究院、产业联合创新中心等新型研发机构，给予最高 5000 万元经费支持。发挥创新平台对科技资源的高效集聚作用，支撑产业创新发展。

2. 推动产业前瞻性技术研究。对企业参与或承担国家科技重大专项的，给予最高 1000 万元配套支持。对获得国家、江苏省重点研发计划项目的，给予最高 100 万元配套资助。对获得国家、江苏省、无锡市科技奖励的单位或个人，分别给予最高 50 万元、30 万元和 10 万元奖励。鼓励企业开展产业前瞻性技术研发，组织实施创新型产业集群培育计划专项资金项目，单个项目给予最高 50 万元资助。

3. 开展产业核心技术攻关。针对主导产业的技术短板和创新需求，建立产业核心技术攻关“揭榜制”。支持产业技术研究院或创新联盟以课题制形式，组织上下游企业、高校院所开展产业核心技术联合攻关。组织实施核心技术成果产业化项目，单个项目资助最高400万元。探索任务目标导向的项目组织方式，集成联动、积极推进新型产业技术集成创新试点，培育打造优势明显的产业创新集群。对获得江苏省科技成果转化专项资金江阴高新区专题项目的，给予1∶1配套资助。对获批国家、江苏省、江阴市产业技术创新战略联盟的牵头企业，分别给予50万元、20万元、10万元奖励。

二、培育壮大创新型企业队伍

加大高新技术企业引育力度，打造一批具有强大影响力、国际竞争力的高新技术领军企业和行业隐形单打冠军。

4. 建立高新技术企业培育库。聚焦主导产业、战略性新兴产业、现代服务业，每年滚动遴选100家左右成长性好、科技含量高的创新型企业，形成江阴高新区高新技术企业培育库，对入库企业给予最高2万元研发经费补贴，补贴时间最长三年。瞄准大数据、云计算、人工智能、智能机器人、碳纤维复合材料、新一代信息技术等未来产业，组织实施科技型中小企业技术创新专项资金项目，单个项目给予最高20万元资助。

5. 支持高新技术企业规模化。全面推行"高升规"，推动一批高新技术企业加快发展、抢占市场，支持高新技术企业"上规升级"。对高新技术企业中新增的规模以上企业，根据企业享受研发费用加计扣除优惠政策且未享受高新技术企业所得税税收优惠的，按研发经费的5%给予最高30万元补贴。

6. 促进高成长性科技企业发展。对首次认定为江苏省及以上独角兽企业、潜在独角兽企业、瞪羚企业的，分别给予最高100万元、30万元、10万元奖励。对首次评价遴选为无锡市准独角兽、瞪羚、雏鹰的企业，根据江阴市奖励标准给予1∶1配套奖励。支持研发服务企业发展，对当年度通过江苏省技术先进型服务企业、江苏省研发型企业认定的，给予最高20万元奖励。

7. 形成高新技术企业培育合力。加大科技项目引进力度，高新技术企业（培育）认定标准作为招商引资、招才引智的前置条件，力争新增企业、人才项目三年内高新技术企业转化率超过50%。加强与园区税务、环保、质检、安监等部门联动，强化与科创载体业务互动，建立协同推进工作机制。加大园区人才、金融、土地等政策和资源向高新技术企业倾斜力度，优先推荐高新技术企业参与各级各类科技人才项目。

三、加速科技成果转移转化

强化以企业为主体的产学研协同创新机制，建立符合科技创新规律和市场经济规律的科技成果转移转化体系，推进科技与经济紧密结合、创新成果与产业发展紧密对接。

8. 鼓励企业开展产学研合作。支持企业与国内外高校、科研院所开展产学研合作，在“技联在线”网站校企联盟备案系统登记备案的，按合同期内当年度企业实际支付高校院所经费的20%给予补贴，单个企业最高50万元。支持行业协会、商会等各类资源，组织企业走出去与高校院所开展产学研合作对接活动，经备案的，给予每年最高10万元活动经费补贴。

9. 形成科技成果转化应用示范。持续开展国际产学研合作论坛、跨国技术转移大会等活动。发挥苏南国家自主创新示范区科技成果产业化基地作用，组织开展系列科技成果对接服务。对引进国家重大专项在高新区转移转化、引进知名院士在高新区建站、引进高新技术企业在高新区落地的技术转移机构，给予最高20万元奖励。对经备案的技术转移服务机构，给予最高50万元运营经费补贴。

10. 建好技术产权交易市场。支持江苏省技术产权交易市场江阴分中心整合资源、服务供需、培育人才、举办活动等，每年给予最高100万元经费支持。对引进技术成果并成功在高新区转化的，按登记技术合同实际成交额的5%，给予单个企业每年最高30万元奖励；对促成科技成果在高新区转移转化的技术转移机构，按登记技术合同实际成交额的2%，给予单个机构每年最高15万元奖励；对技术经理人开展的技术转移活动，按登记技术合同实际成交额的1%，给予每人每年最高10万元奖励。

四、促进科技服务业健康发展

培育壮大科技服务市场主体，提升科技服务业对科技创新、产业发展的支撑和服务能力。

11. 建设科技服务业集聚区。集聚国内外知名的研发设计、创业孵化、技术转移、知识产权、检验检测认证、科技金融、科技咨询等服务机构入驻江阴高新区科技服务业集聚区。对经入库备案的机构，给予最高免三年房租优惠。重点推进检验检测认证、技术转移转化等科技公共服务平台建设，给予最高30万元运营经费补贴和最高200万元绩效奖励。对获评江苏省科技公共服务平台的，根据运行绩效给予最高500万元奖励。对列入江苏省大型科学仪器设备共享服务平台用户的企业，给予配套补贴。

12. 高水平建设知识产权强区。围绕主导产业开展产业专利导航和专利预警分析。推进知识产权运营服务平台建设，对获批无锡市及以上知识产权运营服务平台的，给予最高200万元支持。对获批无锡市及以上知识产权服务集聚区，给予最高500万元支持。构建多元化立体保护网络，建立高新区知识产权维权援助中心，完善知识产权维权援助工作体系。

13. 优化科技金融服务体系。鼓励天使投资、创业投资机构落户高新区，加大对区内科技型中小企业的投资力度。对首次向区内科技型中小企业投资的，给予最高30万元补贴，对投资高新区科技型中小企业累计2家以上的，按实际货币投资金额的10%给予补贴，单个机构年度给予最高50万元补贴。

五、加强创新平台载体建设

完善创业孵化链条，激发全社会创新创业活力，加快打造大众创业万众创新升级版。

14. 鼓励科技企业孵化器（包括众创空间）建设。对利用闲置厂房、楼宇、存量土地等新建（改建）为科技企业孵化器，经认定的，给予最高100万元运营经费补贴。对新建的离岸孵化器或异地孵化器，经认定的，给予最高200万元运营经费补贴。对获批的国家、江苏省、无锡市科技企业孵化器，分别给予100万元、50万元、20万元资助。对获批国家、江苏省、无锡市、江阴市众创空间的，分别给予30万元、20万元、15万元、10万元资助。对已认定的市场化运营的孵化器、众创空间，每新认定1家高新技术企业给予5万元奖励，奖励最高100万元；被江苏省及以上科技部门评价为良好及以上的，给予配套奖励。

15. 提升企业研发机构层次。坚持以企业为主体开展技术创新活动，鼓励企业联合高校、科研院所建设高水平工程技术研究中心、院士工作站、博士后科研工作站、研究生工作站。依托创新型领军企业和行业龙头企业，建设国家、江苏省企业重点实验室、企业工程技术研究中心，增强高端化和国际化发展能力。

六、深化开放合作创新

更加主动融入全球创新网络，紧扣“长三角”和“高质量”两个关键，促进创新要素跨区域流动和全球化配置，最大限度地释放国家战略杠杆效应。

16. 加快融入长三角一体化。积极参与苏南国家自主创新示范区一体化发展，紧盯上海张江、安徽合肥等综合性国家科学中心，研究跨区域的经济核算分成、税收分享机制，按照产业关联度和相似度，积极对接合作，主动承接非核心功能疏解。鼓励企业与长三角实验室联合开展国家重大科技攻关、联合承担国家重大战略项目。鼓励企业在上海、南京等地设立研发机构，经认定的，根据绩效给予最高100万元研发补贴。

17. 加强国际科技创新合作。主动融入全球创新网络，鼓励企业参与“一带一路”科技创新合作行动计划。对企业在海外设立、独立运营的研发机构、技术转移中心、创新创业基地，经认定的，给予最高200万元运营经费补贴。支持科技创新类国际组织在江阴高新区设立总部、分支机构，经江苏省有关部门认定的研发类外资总部企业或功能性机构，给予地区总部最高300万元开办补贴（功能性机构最高100万元）。

18. 支持企业创新合作交流。鼓励企业参加专业化、国际化的各类科技展会，对江阴高新区统一组织参会参展的，给予单个企业年度最高10万元参展经费补贴。鼓励国内外知名学术机构、学术组织、企业在江阴高新区发起、组织学术会议、专业论坛等活动，经备案的，给予组织单位最高100万元活动经费补贴，力争一批高水平的学术论坛将江阴高新区作为永久性会议基地。

七、营造创新创业浓厚氛围

强化创新导向，健全创新机制，倡导创新文化，激励创新成效，积极构建具有国际吸引力和竞争力的创新创业生态环境。

19. 打造创新创业活动品牌。依托苏南国家自主创新示范区江阴高新区建设促进服务中心平台，开展项目路演、人才沙龙、金融对接等活动，打响江阴高新区科技人才“双创菁英荟”创新创业品牌。每年举办中国江阴（高新区）创新创业大赛等系列国际创新创业活动，获奖并落地江阴高新区的项目，优先获得科技型中小企业技术创新专项资金资助。对由社会机构在江阴高新区组织承办的创新创业比赛，经备案的，给予最高20万元活动经费补贴。鼓励企业参加由科技系统推荐上报的各级创新创业大赛，按获奖金额给予奖励。

20. 建设企业科技专员队伍。构建苏南国家自主创新示范区江阴高新区争先进位工作平台，建立有针对性的科学评价制度和动态管理机制。鼓励企业配备科技副总、科技专员，设立企业科技专员工作专项经费30万元，用于企业协助开展高新区争先进位、创新型企业申报认定、科技项目管理、研发机构管理、科技统计调查研究、政策法规学习培训等工作，对积极参与配合的人员给予奖励。

本政策措施自2020年1月1日起施行，此前与本文件规定不一致的，按本文件执行。《江阴高新区管委会印发关于聚力创新加快推进苏南国家自主创新示范区核心区建设若干政策措施的通知》（澄高管〔2017〕29号）不再执行。具体管理办法另行制定。

关于实施高新区人才政策“升级版”加快集聚创新创业人才的实施意见

为深入贯彻落实习近平新时代中国特色社会主义思想和党的十九大精神，加快集聚各类创新创业人才，打造人才发展高地，推动高新区“三高三新三区”建设。根据无锡、江阴市文件精神，现就实施高新区人才政策“升级版”提出如下意见。

一、大力集聚创新创业人才

1. 重点引进科技前沿顶尖人才。瞄准世界科技前沿和国际顶尖水平，对带技术、带项目、带资金来区创新创业的诺贝尔奖获得者、海内外院士、国际学术组织负责人、世界知名科技企业高管等战略科技人才或团队，能引领高新区产业发展方向，并产生重大经济社会效益，经评审认定，给予最高3000万元的项目扶持资金，并在科研设备和发展平台等方面给予支持。经认定，给予来区建立诺奖得主研究院的诺贝尔奖获得者最高750万元、给予来区建立工作室的发达国家院士最高150万元的项目产业化配套资金。

2. 重点引进创新创业领军人才。在新一代信息技术、智能制造、新材料、新能源、生物医药等领域招引一批重点项目、重点团队，实现重大技术突破，引领全区创新型产业集群发展和转型升级作用明显，经评审认定的，给予最高1500万元的项目扶持资金；专项支持国家“千人计划”“万人计划”人才在高新区创新创业，对新引进的国家“千人计划”“万人计划”人才，给予最高100万元的项目扶持资金，入选市“暨阳英才计划”的，在江阴市给予项目支持资金的基础上，高新区给予最高250万元的项目扶持资金；对自主培育国家“千人计划”“万人计划”人才，经认定一次性给予用人单位最高100万元项目支持。自主培育省“双创计划”人才及团队的企业，按照不同层次给予双创团队最高100万元、双创人才最高30万元、双创博士及科技副总最高5万元的一次性奖励。自主评定人才项目，给予最高100万元的启动资金扶持。鼓励人才研发成果转化，根据其入驻期内的销售和税收，经考核合格的，三年内给予最高150万元的产业化奖励。

3. 重点引进国内外各类高端人才。对企业新引育且全职在高新区创新创业的国家和部省有突出贡献的中青年专家、国家杰出青年基金获得者、长江学者特聘教授、享受国务院政府特殊津贴人员等高端人才，给予最高每人每年2万元的津贴。对培育“百千万人才工程”国家级人选和全国杰出专业技术人才、入选全国专业技术人才先进集体的单位给予最高20万元的奖励。对入选江阴市新兴产业创业领军人才的，根据其创办企业的资金投入、运行质量和取得效益，给予最高250万元项目资助和100万元的贴息支持，原则上不超过领军人才所创办企业的投入资金总额。对入选无锡市产业升级创新领军人才、企业引进高级经营管理人才，给予最高30万元的薪酬补贴。鼓励企业加快引育海外人才，对《江苏省海外高层次人才居住证》主证持证人缴纳的个人所得税实行奖励，历年奖励最高30万元。对获评无锡市级友谊奖及以上荣誉的外国专家，给予最高10万元的一次性奖励。对获评江阴市级及以上的海外工程师（外国专家）工作室，参照江阴市级资助标准，给予最高10万元的经费资助。对获得经费资助的省级及以上引进境外技术、管理人才项目，获得省级及以上经费资助的留学回国人员创新创业科研项目，以及获评无锡市级重点、优秀创新创业项目的，参照江阴市级资助标准，给予最高10万元的一次性奖励。对本地企业培育入选省“外专百人计划”专家的给予10万元奖励。

4. 加快集聚重点产业紧缺人才。对企业全职引进的产业紧缺急需人才，给予企业一名博士2万元的引才奖励。鼓励异地控股公司管理、技术岗位高层次人才向高新区集聚，对人事关系在控股公司、实际在高新区公司工作的高管、技术骨干等急需紧缺人才，参照本文件第八条享受补助待遇，享受期限最长不超过2年。

5. 加快实施高校毕业生汇聚行动。围绕高新区重点产业和社会事业发展需要，鼓励企业面向国内重点院校开展校园招聘、定向培养、产学研合作等，吸引更多的优秀大学毕业生来高新区创新创业。毕业5年内普通高校毕业生、高校在校生、江阴户籍留学回国人员，在高新区首次成功创业且正常经营6个月以上的，经认定，给予最高

6000 元的一次性创业补贴。

6. 加快提升技能人才素质规模。积极倡导校企双制、工学一体的教育培养模式，鼓励企业、职业（技工）院校、职业培训机构联合建设技能人才培训基地，强化企业初中级技能人才向高技能人才的提升。对获评市级及以上技能大师工作室、首席技师的，在国内外技能竞赛中获奖的高技能人才，或对获评市有突出贡献的优秀高技能人才，给予最高 30 万元奖励。对入选市级乡土人才（含提名）的，给予最高 3 万元奖励。对失业人员、灵活就业人员、退役士兵、外来劳动者、农村适龄劳动力等重点群体，通过培训取得职业资格证书或职业技能等级证书的，经个人申请或定点培训机构代办申请，按照就业培训结业证书（专项能力证书）600 元、初级（五级）1000 元、中级（四级）1500 元、高级（三级）2000 元给予补贴。

7. 加快引育社会事业专业人才。重点面向海内外引育一批顶级教育名家、著名校长、教学名师和一批高水平临床医师、高层次医学领军人才、高素质基层实用型全科医生，在能工巧匠、民间艺人、文化名人等方面进一步加大引进力度。引进高层次人才入选江阴“暨阳英才计划”的，按照澄委发〔2017〕13 号文件享受安家补贴、租房补贴、省亲补贴等政策性待遇，在本市购房的，安家补贴由高新区按照江阴市标准等额配套。

二、积极发挥引才主体作用

8. 鼓励引导用才主体柔性引才。鼓励企业柔性引进国内外知名院校、科研院所等机构的各类高层次人才，提供技术咨询、指导或围绕企业急需解决的难题协作攻关。与企业签署合作协议后不定期到企业解决实际性问题，帮助企业推动成果转化的，给予每人每天最高 600 元的补助，全年最高不超过 1 万元。

9. 鼓励设立创新创业离岸机构。加快推进创新创业平台建设步伐，鼓励企业在海外、国内一线城市建立离岸创新创业孵化平台，对接国际国内创新资源，实施人才项目预孵化，并将孵化培育的创新创业团队落户我区发展，绩效明显的，经评审给予最高 50 万元奖励。项目落户高新区后，入选市级以上各类人才工程的，在享受市育才奖励政策的基础上，再由高新区配套奖励，按照入选项目资助额的 10% 给予孵化器育才奖励，最高每年 20 万元。

10. 鼓励建立企业人才工作平台。加强企业创新平台建设，支持企业建设各类创新载体，对新评江阴市、无锡市院士工作站分别给予 30 万元、20 万元的经费，新评江苏省院士工作站按市级支持经费 1∶1 配套。对新建博士后科研工作站的企业，在享受江阴市奖励政策的基础上，给予国家级 50 万元、省级 20 万元、江阴市级 10 万元的支持经费；被评为“优秀博士后工作站”的，按国家级 20 万元、省级 10 万元、无锡市级 5 万元的标准给予一次性奖励；对新进入博士后科研工作站（含分站）的博士，在站期间按每人 10 万元的经费标准给予进站科研资助。企业引进紧缺研究生并新建省级研究生工作站的，经认定，给予支持经费 5 万元。

11. 鼓励企业开展校企深度合作。引导企业积极参加各类校园招聘，鼓励区内企业参加江阴市组织的校园招聘活动，或自行联系国内高等院校举办专场招聘会，对开展各类校园招聘会的企业，招聘活动的宣传、场租、展位等费用由高新区补贴 50%，每个企业每年最高 3 万元。大力支持国内外知名学术机构、学术组织在高新区发起、组织的，有省级以上高端人才参与的学术论坛，给予主办（承办）单位最高 30 万元补贴；对企业、“双创”平台和新型研发机构等发起的有省级以上高端人才参与的技术研讨和创新交流活动，给予最高 20 万元资助。

12. 鼓励利用社会资源引育人才。充分调动社会力量开展招才引智工作，对通过人才中介机构、科技企业孵化器、海内外人才合作组织、海外人才工作联络站等平台引进国内外顶尖人才、领军型高端人才的，每引进一名人才，在高新区创办企业或在区内企业全职工作的并经认定的，给予最高 10 万元奖励，当年累计奖励总额不超过 50 万元。

三、加快实施人才安居工程

13. 着力打造人才高品质生活社区。全职在高新区创新创业领军人才，按《江阴市人才公寓管理办法》等有关规定，享受租房优惠政策，最高享受 3 年免租金待遇，不断完善人才公寓生活配套设施。

14. 提高人才安家（租房）补贴力度。对经认定、全职在高新区创新创业的各类高层次人才，在本市购入首套自主商品房的，根据《关于印发江阴高新区加快集聚创新创业领军人才等实施细则的通知》（澄高委〔2018〕38号）文件，在享受江阴市补贴的基础上，由高新区继续给予最高100万元的安家补贴（不超过总房价的50%）；企业从江阴市外引进的、全职在企业工作的科技、金融、企业经营管理等各类专业人才，按博士15万元、硕士10万元、“985”“211”“双一流”院校本科毕业生5万元的标准享受安家补贴。毕业两年内来高新区企业初次就业并租房的博士、硕士、“985”“211”“双一流”院校的本科毕业生，在享受江阴市“暨阳英才”租房补贴基础上，按500元/月的标准享受高新区租房补贴。其他全日制本科院校毕业生来高新区企业初次就业并租房的按800元/月的标准享受高新区租房补贴，补贴期限为3年。

四、全面打造人才优先生态环境

15. 不断加强人才工作组织领导。进一步强化“党管人才”机制，健全完善高新区科技和人才工作领导小组，由管委会主要领导任组长，科技、人才、招商工作的分管领导任副组长，相关部门主要负责人任组员。深入推进“双招双引”机制，高新区招才引智工作与招商引资工作同步计划、同步部署、同步落实，并实行专项绩效考核。

16. 切实保障各类人才健康医疗。利用区内现有高端医疗资源，深化区院合作，积极推进区内医疗机构服务国际化，为外籍高端人才就诊提供便利，积极为高层次人才提供优质健康医疗服务。

17. 妥善解决人才子女教育问题。积极保障区内就业人才子女就学，其中对区级及以上人才计划入选者，上市公司、科技型企业的高层管理人员（副总以上），以及外籍人员子女就学，安排高新区教育管辖范围内优质教育资源，予以重点保障。

18. 加快构建人才项目服务平台。整合各相关部门人才服务事项内容和申报审批职能，建立“一站式”人才服务中心，创建集人才认定、项目申报、政策咨询、服务申请、业务办理为一体的工作信息平台，提高人才服务效率。

19. 着力形成人才服务常态机制。落实领导联系人才制度和人才沙龙活动，高新区副科职以上领导干部每年结对走访人才，听取意见建议，协调解决人才在工作、生活中存在的困难和问题。定期开展人才沙龙活动，加深人才交流，提供创业服务，组织政策宣讲。

20. 积极选树人才工作先进典型。每年表彰一批引才突出贡献单位、重才爱才先进单位等，在全社会广泛营造尊才、重才、爱才、惜才的良好氛围，形成人人渴望成才、人人努力成才、人人皆可成才、人人尽展其才的良好局面。

本意见自2020年1月1日起执行，由高新区党群工作部牵头负责政策解释。已享受高新区及上级有关人才扶持政策但执行尚未到期的，继续按原政策兑现。本意见与高新区原有的政策不一致的，按照本意见执行。

本意见为高新区“人才激励20条”及实施细则的升级版，与高新区其他人才政策有重复交叉的，或者同一事项涉及多项奖励的，按照“从优从高不重复”的原则执行。

中共江阴市委　江阴市人民政府关于大力推进产业强市建设　推动经济高质量发展的政策意见

（2020 年 4 月 25 日）

为深入贯彻习近平新时代中国特色社会主义思想和党的十九大精神，全面落实无锡市委、市政府《关于进一步深化现代产业发展政策的意见》（锡委发〔2019〕21 号）等文件精神，扎实推进创新驱动核心战略和产业强市主导战略，进一步集成政策资源、创新支持方式、提升政策实效，不断增强政策导向性和引领性，引导企业弘扬江阴精神、做强实体经济，聚焦实业、聚力产业，全力推动江阴经济社会高质量发展。结合我市发展实际，现提出以下意见。

一、项目投入与智能制造

1. 重大项目建设

——加大重大项目落地支持力度，对符合我市产业发展导向或重点鼓励发展产业目录、产业带动性强、总投资在 10 亿元（或等值美元，含）以上我市重点鼓励发展的先进制造业项目和总投资 5 亿元（或等值美元，含）以上的战略新兴产业及总投资 2 亿元（或等值美元，含）以上的现代服务业项目（不含房地产开发项目）进行重点扶持。综合考虑项目投资总量、技术和设备投资额、项目技术水平及预期产出等因素，确定分档补助金额：

总投资在 2 亿（含）~5 亿元的现代服务业项目，最高奖补金额不超过 350 万元；总投资在 5 亿（含）~10 亿元的战略性新兴产业和现代服务业项目，最高奖补金额不超过 800 万元。总投资在 10 亿元以上的战略性新兴产业、先进制造业和现代服务业项目按以下标准予以补助。总投资在 10 亿 ~20 亿元（含）的项目，最高补助 1000 万元；总投资在 20 亿 ~30 亿元（含）的项目，最高补助 2200 万元；总投资在 30 亿 ~50 亿元（含）的项目，最高补助3900万元；总投资在50亿～100亿元（含）的项目，最高补助7000万元；总投资在100亿元以上的项目，最高补助15000万元。

以上奖励方式可根据项目的建设周期分期进行，原则上不超过三年，累计补助金额不超过最高补助金额。

——加大优质投资项目供地支持力度，被评为优质项目的，其享受土地优惠具体按照相关配套文件执行。享受市优质项目供地政策的项目与前款相比按照就高不就低的原则不重复享受。

——对市场前景好、产业升级带动作用强、智能化水平高、地方经济发展支撑力大的特别重大产业项目，可采取“一事一议”。

——江阴市与无锡市重大产业专项原则上不重复享受。总投资在30亿元以上且未享受江阴市专项资金补助的项目在获得无锡市专项资金补助后，可给予无锡市专项资金补助额3%的补助。

2. 企业装备提升

——鼓励企业装备提升。加快培育发展新兴产业，鼓励传统产业改造提升，支持企业大规模应用先进技术装备，提升产业层次和企业竞争力。对当年完成技术装备投资500万元以上，属于我市鼓励发展的电子信息、新能源、新材料、车船及高端装备、生物医药及器械等新兴产业领域项目，最高按照当年完成技术装备投资（不含税）的10%进行补助，单个企业及单个项目累计补助资金最高1000万元；对当年完成技术装备投资800万元以上，属于冶金、纺织、化工、轻工等传统产业项目，最高按照当年完成装备投资（不含税）的5%进行补助，单个企业及单个项目累计补助资金最高500万元。对列入国家、省级疫情防控重点保障企业名单的生产企业，因新冠肺炎疫情防控需要而新增设备生产防护服、口罩、消毒机、消杀用品、医疗器械和相关药品等重要医用物资，当年完成技术设备投资200万元以上项目，最高按照当年完成技术装备投资（不含税）的10%进行补助，单个企业及单个项目累计补助资金最高500万元。

3. 企业智能制造

——鼓励企业工业互联网建设。当年获评国家级、省级工业互联网创牌类项目的企业，一次性给予最高200万元、50万元奖励（含试点示范类项目、试点示范平台、标杆工厂、制造业“双创”平台）；当年获评省级工业互联网发展示范企业（工厂类）的企业给予最高100万元奖励；发展示范企业（平台类）的企业，按照双跨类、行业级/企业级和培育类分别一次性给予最高100万元、50万元和30万元奖励；当年度获评省五星级、四星级和三星级“上云”企业，分别一次性给予最高50万元、30万元、10万元奖励。

——鼓励企业两化深度融合。当年获评国家级两化融合管理体系贯标示范、试点的企业，一次性给予最高100万元、50万元奖励；通过国家两化融合管理体系贯标认定的企业，一次性给予最高30万元奖励；当年获评省级两化融合管理体系贯标试点的企业，一次性给予最高20万元奖励。

——鼓励企业示范引领。当年获评国家级智能制造试点示范项目、省级示范智能工厂的企业，一次性给予最高200万元奖励；当年获评省示范智能车间的，一次性给予最高80万元奖励。鼓励企业开展国家智能制造能力成熟度模型评估，对通过国家智能制造能力成熟度评估并获得五级、四级、三级、二级的相关企业，分别一次性给予最高100万元、50万元、30万元、10万元奖励。同一档次、同一领域不重复享受，提档升级的给予补差奖励。

——鼓励培育优质服务商。当年获评省工业互联网服务资源池、省智能制造领军服务机构、服务本地企业获评当年度省星级上云成果排名首位的本地云服务商，一次性给予最高20万元奖励。

4. 新一代信息技术产业发展

——鼓励物联网产业发展。支持物联网企业将优秀科技成果规模化、产业化，择优对拥有自主知识产权且当年实际投入300万元以上的物联网产业化项目，最高按设备和相关软件投入总额的15%给予补助，最高200万元。支持企业在工业生产过程控制、生产环境检测、制造供应链跟踪、产品全生命周期检测及仓储管理等方面积极开展物联网应用示范。择优对拥有较好实用价值、商业模式、实用成效且项目当年实际投入300万元以上（其中，无锡本地物联网产品采购金额不少于100万元）的物联网应用示范项目，最高按其在示范区（无锡）采购物联网产品金额的20%给予补助，最高200万元。支持装备制造企业建设基于物联网等新一代信息技术的应用平台，实现设备远程操控、运行状态监测、工作环境预警、故障诊断维护等智能服务功能。择优对当年度线上装备销售超1000万元的应用平台，按当年度销售额的5%给予一次性奖励，最高200万元。

——鼓励5G产业发展及融合应用。支持企业在5G核心设备、芯片、元器件及终端应用等领域开展产品研发及技术攻关。对当年度列入《省重点推广应用的新技术新产品目录》的5G相关技术或产品给予一个最高30万元的奖励。对在终端产品中优先采用5G芯片及模组，且采购金额100万元以上的企业，最高按其采购金额的5%给予支持，最高100万元。对研发投入超过100万元的5G相关研发项目，最高按当年研发设备及相关技术服务投入的20%给予补助，最高100万元。支持企业积极开展5G应用，深化5G与物联网、人工智能等行业融合创新。对在工业互联网、智能车间和智能工厂创建中优先引入5G技术和产品，且相关投入超过100万元的应用示范项目，最高按企业采购5G技术和产品金额的20%给予补助，最高200万元。

——鼓励软件产业发展。支持软件企业做优做强。对当年度软件开票销售收入首次超3000万元、5000万元、8000万元和1亿元的软件企业，分别给予最高10万元、30万元、50万元和80万元的奖励；对软件企业当年度销售额超100万元的单个软件产品（限支持重点中明确的类别，其著作权取得三年内，且销售对象为非关联企业），按销售额的5%给予一次性奖励，单个软件产品奖励最高50万元，每个企业限报1个产品。对获评江苏省优秀软件产品“金慧奖”和无锡市优秀软件产品“飞凤奖”的企业，分别给予最高30万元和20万元的奖励。对入选《江苏省重点领域首版次软件产品应用推广指导目录》的软件产品给予一个最高30万元的奖励。对通过ITSS（信息系统服务标准）一级、二级和三级资质认证的企业，分别给予最高30万元、20万元、10万元的一次性奖励。对通过CMMI（能力成熟度模型集成）五级、四级和三级资质认证的企业，分别给予最高30万元、20万元、10万元的一次性奖励。对当年度首次通过软件企业评估的企业，给予最高10万元的一次性奖励。

5. 产业发展引导资金

——发挥好财政资金的杠杆作用，提高财政资金使用效益，设立现代产业发展引导资金，引导社会各类资本投资战略新兴产业、先进制造业和现代服务业，支持创新创业、中小微企业发展、产业转型提升等。今年至“十四五”期间，全市财政预算每年安排10亿元，支持现代产业发展新高地建设。

二、人才强企与科技创新

6. 人才引育

大力实施“暨阳英才计划”，每年安排不少于1亿元的财政资金用于人才强企建设。

——支持企业引育国际顶尖人才（团队），能引领我市产业发展方向，并取得重大经济社会效益的，实行“一事一议”，不定框框，不设上限，根据发展需要全力提供经费支持，量身创设发展平台，按需提供科研设备和发展场地。

——加强创新创业领军人才和团队的引育，对培育国家特聘专家和省“双创计划”等人才的单位，给予最高50万元的奖励；对入选省“双创计划”团队的单位，给予最高100万元的奖励；给予“暨阳英才计划”新兴产业创业领军人才最高500万元的项目资助、产业升级创新领军人才最高30万元的薪酬补贴、生产性服务业领军人才最高50万元的奖励；给予引育高技能领军人才的企业最高50万元的引才补贴。

——加快企业创新平台建设，对新建立诺贝尔奖得主研究院、产业技术研究院、博士后科研工作站的企业，分别给予最高2500万元、300万元、80万元的奖励；对当年新获批的院士工作站，最高给予省级50万元、无锡市级20万元、江阴市级30万元的支持；对新建立省研究生工作站、海外工程师（外国专家）工作室的企业，给予最高10万元的奖励。

——实施优秀大学生汇聚计划，围绕我市重点产业和社会事业发展需要，每年制定紧缺人才目录，吸引更多的优秀大学毕业生来我市就业创业，给予最高每月1500元的租房补贴、最高50万元的富民创业担保贷款；全面落实人才“三房两补”安居体系，给予最高500万元的安家补贴；对组织开展企业家、高级经管人才和专业技能人才三支人才队伍培训按有关规定列支或给予补助。

7. 关键技术研发

——支持企业进行产业前瞻性与共性关键技术攻关，综合技术水平、研发投入和创新型产业集群培育等因素，给予最高 50 万元研发经费补助。

——对现代农业开展重大关键共性技术和先进适用技术的创新和集成应用示范项目的新增投入给予最高 30 万元补助。

8. 科技成果转化

——对显著提升相关产业技术水平和核心竞争力的高附加值的核心单元、产业发展的关键材料、重大整机等科技成果转化项目，单个奖励最高 200 万元。

——对社会发展、现代农业领域先进技术成果转化应用示范项目，单个奖励最高 30 万元。

——对近 3 年列入省重点推广应用新技术新产品目录、当年该项目产品新增税务销售额 500 万元（含）以上的企业，根据新增税务销售额（不含税）按最高 3% 给予奖励。同一项目产品或当年单个企业累计奖励最高 100 万元。

——对通过省首台（套）重大装备及关键部件认定的企业，给予最高 50 万元的一次性奖励。

9. 企业技术创新

——支持企业开展创新国际化工作，对企业与海外重点国别、重点机构开展产业技术联合研发，给予最高 50 万元的支持。对引进或联合国外著名高校、研究机构或公司等在澄注册法人，开展国际技术转移等业务有明显成效的或我市企业在境外以收并购或直接投资等方式设立海外研发机构开展研发活动，给予最高 30 万元的支持。

——对当年新获批企业工程技术研究中心、企业技术中心、企业创新中心、产业创新中心、企业重点实验室的企业，最高给予国家级 50 万元、省级 20 万元的奖励。

——对省级以上企业工程技术研究中心、企业重点实验室在当年专业技术领域研发用的软硬件设备投入超过 100 万元的，最高按软硬件设备投入（不含税）的 10% 给予补助，最高 50 万元。

——对企业购买合作科技保险机构的科技保险发生的费用，按保险费 50% 比例进行补助，最高 10 万元。

——对全市年销售 5 亿元以下的当年未享受所得税优惠政策的高新技术企业，根据企业当年研发投入新增情况，给予 5% ~10% 的后补助，年度资助上限 30 万元；对当年首次认定的省民营科技企业、评价入库的科技型中小企业，根据企业研发投入情况，给予最高5%的后补助，年度资助上限30万元；单个企业不重复享受市级研发费资助。

——对企业与高校院所的产学研合作项目，最高按实际发生经费的20%，给予最高50万元的补助。对年度技术转移输出额累计超过300万元的企业，最高按技术合同成交额的1%，给予最高30万元的补助。对引进市内外先进技术成果转移转化的企业，最高按技术合同实际成交额的5%，给予最高50万元的补助。对当年与国内外高校院所、品牌机构合作共建的技术转移机构，给予最高10万元的补助；对促成向本市企业转化科技成果的技术转移机构，最高按技术合同实际成交额的2%，给予最高30万元的补助。对技术经纪人开展的技术转移活动，最高按技术合同实际成交额的1%，给予最高20万元的补助。对列入省大型科学仪器设备共享服务平台用户进行配套补贴。

——对当年获评国家技术创新示范企业、省创新示范企业的，分别给予国家级最高50万元、省级最高20万元的奖励；对当年新荣获国家级、省级科技奖励的单位和个人，分别给予国家级最高50万元、省级最高20万元的奖励；对获得无锡市和江阴市科技进步奖、专利奖和腾飞奖的单位与个人予以适当奖励。

——全面落实国家科技创新政策，重点推动高新技术企业税收减免、研发费用税前加计扣除等优惠政策兑现。加大高新技术企业引育力度，对列入省高新技术企业培育库的企业，给予最高10万元奖励；对首次通过高新技术企业认定的企业或从江阴行政区域外整体新迁入我市的有效期内高新技术企业，给予最高40万元奖励；对有效期满后重新申报认定的高新技术企业，给予10万元奖励。加大科技企业上市培育力度，对列入省科技企业上市培育计划后备库的企业，给予最高20万元的奖励；对首次认定为省农业科技型企业给予最高10万元的奖励。

10. 企业知识产权

——鼓励高质量的知识产权创造，支持企业联合高等院校、科研机构组建高价值专利培育示范中心，视建设情况予以适当支持，最高不超过100万元。对获得中国专利奖的项目最高给予金奖100万元、银奖30万元、优秀奖20万元的奖励；对获得江苏省专利奖的项目最高给予金奖50万元、银奖15万元、优秀奖10万元的奖励。

——实施知识产权强企行动，推动企业知识产权管理规范化建设，对已参加江苏省企业知识产权管理贯标备案，并获得国家知识产权管理体系认证的企业给予最高5万元奖励，与无锡市奖励不重复享受。对获得国家知识产权示范和优势的企业分别给予最高20万元、10万元的奖励。

——鼓励知识产权金融运用。支持企业开展专利、商标、地理标志等知识产权质押贷款，给予50%贴息奖补，单笔最高30万元。支持银行以知识产权质押融资方式对企业授信并发放贷款，贷款实施基准利率，贷款期限1年及以上，对银行按照贷款额度的2%给予风险补助，同一银行对同一企业发放知识产权质押贷款，年度风险补助金最高不超过20万元。支持企业投保知识产权保险，对其实际支出的保费给予50%的补贴，单笔最高2万元。

——促进知识产权运营，鼓励运营机构与各镇街园区、高校科研院所合作共建，建设专业产业领域的知识产权运营服务平台，将国内外高校科研院所知识产权成果运营到我市产业化，并在我市交易开票，可运营专利数量大于500件，其中有效发明专利占比不低于40%，运营服务收入500万元以上，按建设进度分阶段实施，每家最高支持经费不超过200万元。对创新知识产权服务模式，提升区域知识产权运营服务水平，优化知识产权发展环境有积极推动作用的重点运营服务项目，采取“一事一议”。

——加强知识产权保护，支持企业开展涉外知识产权维权行动，主动应对涉外知识产权纠纷，对在涉外知识产权纠纷中获得胜诉或达成具有实质意义和解协议的，给予最高不超过20万元的资助。完善知识产权信用评价制度，将知识产权失信行为纳入公共信用信息系统。鼓励商贸流通单位开展“正版正货”示范活动，对创建成为省、无锡市级“正版正货”示范街区的单位，分别给予最高10万元、5万元的补贴。

三、攀高创优与资本运作

11. 大企业集团提升经营业绩

——对首次入选“中国企业500强”“中国制造业企业500强”“中国服务业企业500强”的企业，按就高不重复原则，分别给予100万元、80万元、50万元的一次性奖励；对先入选“中国制造业企业500强”或“中国服务业企业500强”并获得相应奖励的企业，以后年度晋级首次进入“中国企业500强”的，给予50万元的一次性奖励；对在“中国企业500强”“中国制造业企业500强”“中国服务业企业500强”中较2017年我市首次开展奖励年度以来最高位次排名提高10位（含）以上的，按就高不重复原则，分别给予50万元、40万元、25万元的一次性奖励。对于500强企业的相关奖励，如另有其他政策或规定，同一企业的相关奖励均按就高不重复原则执行。对获评国家级制造业单项冠军示范企业、单项冠军产品的，给予最高50万元的一次性奖励。

——奖励突出贡献企业，对上年本地纳税（按市重点骨干企业评选口径）比历史最高纳税额净增超亿元的集团型企业给予“超额累进突出贡献奖励”（不含房地产企业），超过历史最高额1亿（含）~2亿元的，奖励200万元；2亿（含）~3亿元，奖励250万元；3亿元（含）以上，每亿元奖励300万元（奖励累计）。已并入集团型企业的集团内独立法人企业不重复奖励。

12. 中小微企业创新发展

加大对中小微企业创新发展扶持力度，设立中小微发展专项资金，主要用于支持“专精特新”培育、创新能力建设、管理模式创新和服务型制造等项目。部分扶持项目不仅限于中小微企业。

——支持中小微企业走“专精特新”发展之路，深入开展专精特新科技小巨人企业新一轮培育工程，对当年达到培育目标的，给予最高50万元的奖励；对当年获评国家专精特新小巨人企业、省级“专精特新产品”企业和科技小巨人企业、“隐形冠军”“隐形小巨人”的企业，最高给予国家级50万元、省级20万元的奖励。

——支持企业创新管理模式，对当年获评省管理创新示范（优秀）企业、省五星级数字企业的，给予最高20万元的奖励；对获评省级中小企业管理提升示范企业的，给予最高10万元的奖励。

——支持开展服务型制造，对当年获评国家级服务型制造示范企业的，给予最高70万元的奖励；对当年获评省级服务型制造示范企业的，给予最高30万元的奖励。同一企业累计最高100万元。

——支持企业工业设计能力提升，对获评江苏省工业设计产品金奖的企业，最高给予20万元的奖励；对获评江苏省工业设计中心（企业工业设计中心、工业设计企业）的企业，最高给予30万元的奖励；对于获评国家级工业设计中心（企业工业设计中心、工业设计企业）的企业，最高给予70万元的奖励。

13. 企业品牌、质量、标准建设

——支持企业提升质量水平，对获得中国工业大奖、中国质量奖的企业，给予最高150万元的奖励；对首次获得中国质量奖提名奖的企业，给予最高80万元的奖励；对获得江苏省质量奖、江苏省质量管理优秀奖的企业，分别给予最高50万元、30万元的奖励；对获得无锡市市长质量奖、无锡市质量管理优秀奖的企业，在已享受上级奖励基础上，分别给予最高30万元、10万元的配套奖励；对获得江阴市市长质量奖的企业，给予最高50万元的奖励。对获得江阴市质量管理优秀奖的企业，给予最高10万元的奖励。

——支持企业推进品牌建设，对获得中国名牌或中国驰名商标的企业，给予最高50万元的奖励；对获得省名牌的企业，给予最高10万元的奖励。

——支持加强标准化建设，对企事业单位和社会组织参与标准化活动，作为国际、国家、行业、地方标准主导制修订的，分别给予最高30万元、20万元、10万元和5万元的奖励；对承担国际专业标准化技术委员会、分委员会和工作组秘书处的，分别给予最高50万元、30万元和10万元的奖励；对承担全国专业标准化技术委员会、分委员会和工作组秘书处的，分别给予最高30万元、20万元、10万元的奖励；对承担国家、省级标准化示范项目的，完成后分别给予最高20万元、10万元的奖励；对获得国家标准创新贡献奖组织奖的，给予最高30万元的奖励；对于承担国家技术标准创新基地建设的，完成后给予最高50万元的奖励。

14. 发展总部经济

——鼓励国内外大企业在我市设立综合型地区总部和功能性机构总部，对符合条件的给予奖励，具体按照相关配套文件执行。

15. 企业资本运作

——鼓励企业境内上市。在境内上市首发募集1亿（含）~5亿元、5亿（含）~10亿元、10亿元以上的企业，分别给予800万元、1000万元、1500万元的奖励。“科创板”上市企业在上述基础上再给予每家200万元的奖励。重点上市后备企业的募投资金投资项目优先核准或备案，所需建设用地、环境容量、能源供应等要素优先解决。

企业通过并购重组等方式取得境内上市公司股权并成为第一大股东，且上市公司注册地迁入我市，给予500万元奖励。

——鼓励企业境外上市。企业直接在境外上市、采用搭建红筹架构方式成功上市或通过并购重组等方式取得境外上市公司股权并成为第一大股东且上市公司主要生产基地和纳税地在江阴，给予100万元奖励；企业首发募集资金5000万（含）~1亿元、1亿（含）~5亿元、5亿元以上，分别再给予200万元、300万元、400万元奖励。企业在美股或香港主板首发上市的，在上述基础上再给予100万元的奖励。鼓励企业新三板挂牌。企业成功挂牌新三板，给予50万元奖励；进入精选层，给予50万元一次性奖励。企业转板成功的，参照前述政策给予奖励，补足不足部分。

——鼓励企业江苏股交中心挂牌。企业在江苏股权交易中心（包括江苏股交中心江阴运营中心）挂牌，且当年营业收入达到1000万元以上或净利润达到100万元以上，在成长板挂牌的给予3万元奖励，在价值板挂牌的给予5万元奖励。

——鼓励上市挂牌企业做优做强。上市企业当年实施股权再融资的，按年内累计融资规模予以奖励，募集资金1亿（含）~5亿元，5亿（含）~10亿元、10亿元以上，分别给予50万元、80万元、100万元的奖励。上市公司实现二次上市，给予一次性100万元奖励。上市公司收购重组本地企业的，给予并购资产交易规模的0.3%奖励，最高500万元。新三板公司当年实施股权融资的，按年内累计融资规模予以奖励，募集资金1000万元（含）~3000万元、3000万元以上，分别奖励30万元、50万元。省内区域股权交易市场挂牌企业进行债权股权融资的，按融资规模1%给予奖励，最高20万元。

16. 增强国际竞争优势

——加快推动外贸稳增长、调结构、促转型，鼓励企业大力开拓国际市场，大力发展新兴业态，提升外贸竞争优势，对符合条件的企业给予奖励或补贴，具体按照当年根据实际情况进行修订后的相关配套文件执行。

四、现代服务业与新兴产业

17. 服务业重点项目建设

——支持生活性服务业提升发展，对企业建设现代商贸服务、居民家庭服务、健康养老服务、体育产业等方面的项目，项目总投入达到5000万元以上，且当年投资额达到500万元以上，最高给予当年投资额（不含税）审定数（不含土地、房屋）5%的补助，最高100万元。专项资金实施期内，同一企业最多扶持三年。

——对获评国家级、省级、无锡市级“老字号”的，奖励50万元、30万元和10万元；对于当年新开设连锁门店，给予当年租金30%的补贴，连续扶持时间不超过3年，累计补助不超过50万元。

18. 服务业创新发展

——凡总部设在江阴的独立核算法人直营连锁企业，以及外来连锁企业在江阴开设独立法人门店，连锁门店达到30家以上，年开票销售收入超5000万元且增幅10%以上的，给予最高20万元的奖励；连锁门店达到50家以上，年开票销售收入超2亿元且增幅10%以上的，给予最高50万元的奖励。

19. 军民融合产业

——加快推进军民融合产业发展，推动军民融合企业做大做强，鼓励有条件的企业积极参与“军转民”“民参军”，对符合条件的企业给予奖励或补贴，具体按照相关配套文件执行。

20. 电商产业

——大力发展“互联网+”、云计算、大数据等技术，培育壮大一批与江阴实体经济紧密结合的平台型龙头企业，引导企业运用电子商务整合线上线下各种资源，推动产业融合发展，创新电商发展模式，积极探索实体零售升级与跨境电商融合发展新路径。具体按照相关配套文件执行。

21. 生物医药产业

——对符合条件的企业获得国内及欧美等发达国家（地区）认证、开展药品和高端医疗器械产品研发和产业化，分别给予适当奖励。单个企业最高奖励50万元。

22. 旅游产业

——对新评定的国家级、省级旅游度假区，分别给予最高100万元、50万元的一次性奖励；对新评定和通过评定性复核的国家3A级及以上旅游景区，给予评定最高50万元、复核最高10万元的一次性奖励；对获得无锡市级以上各类旅游品牌称号的单位，给予最高20万元的一次性奖励。

——对通过国家星级评定与复核的星级饭店和新建成运营达到国家星级评定标准的精品旅游饭店、文化主题旅游饭店、绿色饭店、旅游民宿等，给予评定最高50万元、复核最高10万元的一次性奖励。

——对江阴本地游有突出贡献的旅行社，根据地接人数给予最高50万元的奖励。

23. 文化产业

——对新入选国家级和省级重点文化产业园区、文化产业示范园区（基地）、文化科技类园区、电影产业实验区等的载体，分别给予200万元和100万元的一次性奖励。

——支持文化与科技融合发展。对高新技术在影视产业的应用、新闻出版数字化转型、文化创意和设计服务与相关产业融合、传统媒体与新兴媒体融合、特色文化产业发展等项目，最高按照项目实际投入的10%给予补助，最高100万元。

——支持文化企业开发体现江阴特色的文创产品，企业年营业收入达300万元以上的，按照其当年原创文创产品的实际销售收入的5%，给予不高于50万元的奖励。对获得经行业主管部门认可的国际知名、国家级、省级创意设计大赛金奖的创意设计企业，分别给予20万元、10万元、5万元的奖励，获得银奖的分别给予10万元、8万元、4万元的奖励。

——对新列入国家文化出口重点企业和国家文化出口重点项目的文化企业，分别给予50万元和100万元的奖励。

五、绿色发展与节能环保

24. 淘汰关停

——严格执行国家、省产业结构调整指导目录，重点围绕热电、化工、铸造、电镀、印染等行业，加大落后产能淘汰力度。深入开展化工产业安全环保整治提升，大力推进城镇人口密集区危险化学品生产企业搬迁改造，对符合条件的淘汰关停企业给予一定资金补贴。鼓励园区外低效的小散污企业关停退出，按关停设备评估净值不高于30%的额度予以补助。

25. 节能减排

——落实国家、省新能源汽车推广应用补贴政策，安排市新能源汽车推广应用补贴资金，对符合条件的本市新能源汽车生产企业和消费者、充电桩建设运营单位给予奖励或补贴。

——对年节能量达到500吨标准煤的节能改造项目、节能量达到300吨标准煤的合同能源管理项目、节能新技术和新产品推广项目，给予最高50万元的奖励。

——对年本市废弃资源回收量达到1000吨的资源综合利用项目，最高按照项目投资额的10%给予补助，单个项目最高30万元；鼓励企业开展自愿性清洁生产审核、通过能源管理体系认证或评价等，对符合条件的给予最高3万元的奖励；鼓励企业开展绿色制造示范创建，对当年获评国家级绿色工厂的企业，最高给予10万元的奖励；对节能宣传、培训活动及政府购买的节能咨询服务按有关规定列支或给予补助。

——对当年开展重点企业清洁生产审核，至少有1个直接污染减排工艺技术改造或污染减排设施改造方面的中高费方案，且投资额100万元以上并通过评估验收的项目，给予10%～20%的补助，最高100万元。

——对石化、有机化工、表面涂装、包装印刷等行业实施挥发性有机物综合整治、石化行业开展“泄漏检测与修复”技术改造50万元以上，最高按投资额（不含税）的20%给予补助，最高300万元。

——对污水处理厂实施提标改造达到DB32/1072—2018标准，投资50万元以上，最高按投资额（不含税）的20%给予补助，最高300万元。

——对大型煤堆、料堆实现封闭储存或防风抑尘设施建设1000万元以上的，最高按项目投资额（不含税）的10%给予补助，最高300万元。

——对新建中水回用设施规模达到0.1万吨/日以上，且建成后中水回用率达60%以上的建设项目，最高按实际投资额（不含税）的10%给予补助，最高300万元；对使用新建中水回用企业所产生中水的企业，3年内按照双方企业实际计量中水使用量所产生费用与自来水成本间差额的30%给予补助，最高300万元。

——对高污染燃料锅炉关闭、改为清洁能源、可再生能源的项目，具体按照《江阴市高污染燃料锅炉大气污染整治以奖代补实施办法》（澄环发〔2015〕29号）执行。对天然气锅炉实施低氮燃烧技术改造的项目，按实际投资额15%给予补助，最高300万元。

——对污水处理设施整合建设、污泥处置（焚烧和填埋）等环保产业投资项目，按实际投资额20%～30%给予补助，最高300万元。

——对“绿岛”建设试点项目，按实际投资额的20%给予补助，最高300万元。

六、发展环境和平台建设

26. 工业企业绩效评价

——继续推进工业企业资源利用绩效评价工作，加快推进评价结果应用工作，实现资源要素差别化配置，不断提升工业经济发展质量和效益，推动实体经济稳健科学发展，具体按照《关于开展江阴市工业企业资源利用绩效评价工作的实施意见》（澄委发〔2017〕50号）等文件执行。

27. 改善企业融资环境

——加快推进镇街园区中小企业转贷平台建设，力争全覆盖，缓解中小微企业融资难融资贵问题，具体按照相关配套文件执行。

——完善中小企业融资风险补偿机制，发挥市级3亿元中小微企业信贷风险补偿资金池作用，不断做大资金池，助推中小微企业健康稳定发展。

——支持融资担保企业发展，对具有融资担保业务经营资质的担保机构，年末担保业绩达到目标的，给予最高30万元的奖励；对当年设立以服务中小微企业为主要业务的融资性担保机构，给予最高50万元的奖励；对符合一定条件的融资性担保机构通过担保费补助、风险补偿等方式进行扶持。

28. 公共载体平台建设

——支持科技创新载体平台建设，对社会资本参与投资新建并运行的孵化器、加速器、产业园区，按照建筑面积15元/平方米，经认定最高给予100万元奖励；新获批国家级和省级的，分别给予最高 100 万元、50 万元的奖补；对全市孵化器、加速器、产业园区等，开展年度绩效评价，依据绩效评价情况给予最高 100 万元资助。鼓励科技创新创业载体孵育科技型企业，根据每年孵育情况，给予最高 50 万元奖励。对当年新获批的国家级和省级科技公共服务平台分别给予最高 50 万元和 20 万元的奖补；对开展研发设计、科技咨询、科技金融、检验检测认证、创业孵化、知识产权服务等活动的科技服务机构，根据服务成效，给予最高 30 万元奖励。

——加强知识产权公共服务供给。支持知识产权维权援助中心、区域知识产权信息服务中心、培训中心等公共服务平台建设，完善区域知识产权公共服务体系，根据平台和中心建设情况和服务绩效给予每个项目最高 20 万元的补贴。鼓励在重点行业建立知识产权联盟（协会），支持引导联盟（协会）成员之间构建专利池，形成知识产权共同经营的合作模式，提升防御和应对知识产权风险的能力，对单个项目最高给予 30 万元的工作补贴。

——支持公共服务（技术）平台建设，对当年认定为国家级、省五星级、四星级、三星级中小企业公共服务示范平台的，分别给予最高 50 万元、25 万元、20 万元、15 万元的奖励；对当年被认定为省级中小企业公共技术服务示范平台的，最高给予 20 万元的奖励；对已认定为省级中小企业公共技术服务示范平台，当年新建项目技术和设备投资 50 万元以上的，按照新建项目技术和设备投资（不含税）的 10% 给予补助，最高 30 万元。专项资金实施期内，同一企业扶持不超过三年。

——支持企业集聚发展和基地建设，对当年获评国家、省级以上新型工业化产业示范基地、特色产业集群（集聚区）、小微企业创业示范基地等的投资建设主体，最高给予国家级 50 万元、省级 20 万元的奖励。

29. 信用体系建设

——大力推进“诚信江阴”建设，鼓励和支持广大企业积极参与社会信用体系构建，对获得省级和无锡信用管理示范企业，给予最高 20 万元的奖励；对新获评省工业企业质量信用 AAA 级、AA 级的企业，分别给予最高 5 万元、3 万元的奖励。

30. 支持企业举办、参加各类展会

——支持企业参加境内外各类专业展销会、订货会、博览会等，对符合条件的，最高按照参展展位费、特装费、公共布展费、人员费的50%予以补贴，同一企业最高10万元。

七、其他

本意见发布前，已按相关程序确定支持的项目或签署的相关协议，按照原政策或协议执行。本意见发布后，我市出台的《关于全力推动经济发展高质量打造现代产业发展新高地的政策意见》（澄委发〔2019〕22号）同时终止，以往相关政策与本意见不一致的，以本意见为准。国家、省、无锡市政策如有变化，本意见再做相应调整。

对申报产业强市政策资金的工业企业，具体奖补资金原则上按照其资源利用绩效评价分类情况进行分档兑现。企业同一或相近项目按就高原则只能申请一项扶持；企业同一项目已享受我市政策支持的，可同时积极争取上级政策资金扶持。对上级切块下达的资金，与我市产业强市资金统筹使用。市财政根据2020年预算安排数为基数确定以后年度各类产业强市资金总额。

各镇街园区应结合实际情况，制定相应的产业发展政策意见，上下联动、形成合力，共同推动全市经济社会高质量发展，全力打造现代产业发展新高地。

本意见自发布之日起执行。

昆山小核酸创新型产业集群

关于促进昆山生物医药产业发展的若干政策意见（试行）

为进一步推动以小核酸为特色的生物医药产业创新发展、跨越发展，加快打造具有国际影响力的生物医药产业，根据《国务院办公厅关于促进医药产业健康发展的指导意见》（国办发〔2016〕11 号）、《昆山市“转型升级创新发展六年行动计划”实施意见（2015—2020 年）》（昆委〔2015〕22 号）等文件精神，结合我市实际，特制定以下政策意见。

一、鼓励生物医药重大项目引进培育

1. 鼓励引进世界知名医药企业和研发机构。实际到账注册资本在 3000 万元人民币以上或者 500 万美元以上的项目，制造业企业按固定资产投资的 0.7% 给予一次性落户奖励，研发机构按研发设备和耗材投入的 0.7% 给予一次性落户奖励，最高不超过 1000 万元。

2. 建立生物医药“绿色通道”项目审批制度。对落户昆山的生物医药项目，针对工商注册、税务登记、项目核准或备案、项目用地、环评、GMP 认证等服务开通“绿色通道”，简化审批程序、减少审批环节、提高办事效率。

二、鼓励生物医药产业服务平台建设

3. 重点支持江苏省小核酸技术应用创新中心建设，由市财政每年安排专项资金，主要对创新中心的软硬件建设、公共服务平台和服务机构建设、创新中心成员单位实施的项目等进行补助。

4. 鼓励运用市场化模式的公共平台和基础设施项目建设。参照科技局落实“转型升级创新发展六年行动计划”工作实施细则第十九条执行。

5. 鼓励专业服务机构发展。对本地具有资质的 GLP（药物临床前安全性评价机构）、GCP（药物临床试验机构）、CRO（医药研发合同外包服务机构）等专业机构为本地生物医药企业提供研发服务的，按其年度合同金额的 10% 给予奖励，最高不超过 100 万元。

三、鼓励生物医药产业创新发展

6. 鼓励和支持企业、机构申报各类重大科技专项。对立项的省级及以上科技计划项目按实获资助金额的 50% 给予匹配。如对地方资金配套有特殊要求的，按项目要求执行。

7. 鼓励开展产学研合作。鼓励支持本地生物医药企业与国内外研发机构、高等院校建立多渠道、多形式的合作关系，每年择优支持若干个科学家（院士工作站或长江学者）冠名研究室，给予研究室一次性 100 万元的研发支持，后续新增项目参照科技局落实“转型升级创新发展六年行动计划”工作实施细则第五条执行，根据专家评审意见分别给予研发项目合同金额的 20% 或 50% 创新券支持。

8. 支持生物医药重大品种研发。支持生物医药品种的临床前和临床研究，对不同类别品种，分阶段给予研发资助，具体资助标准见下表：

表 1　资助标准　　单位：万元

奖励金额 分类	证书/样品	药品类：临床批件、新药证书 器械类：注册证书、样品/样机		
化学药物类	阶段	1 类	2 类	3、4 类
	获得临床批件	30	20	10
	Ⅰ期临床试验	50	40	20
	Ⅱ期临床试验	100	80	50
	Ⅲ期临床试验	150	120	80
	获得证书	200	150	100

续表

奖励金额 分类	证书/样品	药品类：临床批件、新药证书 器械类：注册证书、样品/样机		
中药和天然药物类	阶段	1 类	2～4 类	5～6 类
	临床申报	30	20	10
	Ⅰ期临床试验	50	40	20
	Ⅱ期临床试验	100	80	50
	Ⅲ期临床试验	150	120	80
	获得证书	200	150	100
生物制品（包括治疗用和预防用生物制品）	阶段	1 类	2～5 类	6～9 类
	临床申报	30	20	10
	Ⅰ期临床试验	50	40	20
	Ⅱ期临床试验	100	80	50
	Ⅲ期临床试验	150	120	80
	获得证书	200	150	100
Ⅱ类以上（含Ⅱ类）医疗器械产品	阶段	3 类无源	3 类有源	2 类所有
	获得注册证书	30	20	10
	获得临床备案（批件）	50	40	20
	获得证书	100	80	50

注：化学药物品种分类参照国家食品药品监督总局《化学药品注册分类改革工作方案》执行。

四、鼓励生物医药产业化发展

9. 支持生物医药企业提升软硬件水平，获得资质认证。对首次获得国家 GCP 认证的企业或研发机构给予一次性 50 万元的奖励，对首次获得国家 GLP、GSP（药品经营质量管理规范）认证的企业或研发机构给予一次性 100 万元的奖励，对首次获得国家 GMP（药品生产质量管理规范）认证的企业或研发机构给予一次性 200 万元的奖励。对新获得美国食品药品监督局（FDA）注册、欧盟质量指导委员会（EDQM）注册、日本药品医疗器械局（PMDA）、世界卫生组织认证及其他国际市场准入认证的企业给予一次性 100 万元的奖励。

10. 实施产业化奖励政策。企业达产后，根据企业在当地的研发投入力度，按企业研发投入的一定比例分档给予补助支持。

五、鼓励金融创新支持生物医药产业发展

11. 引导鼓励天使基金投资生物医药中小企业早期发展。对处于种子期、初创期生物医药企业进行投资的本市天使投资机构，按机构投资者实际投资额给予 3 年贴息，总额不超过 50 万元。

12. 鼓励为生物医药企业提供研发、生产设备的融资租赁服务。按照对企业实际开展的融资租赁业务年息的 3% 给予补贴，融资租赁年度补贴不超过 100 万元。

六、鼓励生物医药企业国际化拓展

13. 鼓励发展行业协会、学会、集群、技术创新联盟。积极在本市组织开展国内外高层次论坛、技术交流或学术会议，给予 3 万～5 万元的活动资助，促进产业转型升级。同时面向社会积极开展生物科学技术普及工作，推广生物先进技术。

14. 鼓励国际化建设。大力支持相关企业或机构建立专业化国际化工作平台，推动促进国外人才、技术和项目的引进及本地生物医药企业的国际化发展。根据具体承担任务和考核情况，给予建设运营补贴，每个项目不超过 100 万元。

七、鼓励生物医药人才引进培养

15. 鼓励生物医药企业引进高层次生物医药专业人才。支持全市生物医药企业和产业园区设立博士后科研工作站；对企业引进的本科以上紧缺专业人才，经批准，一般在两年内可租住政府提供的公租房以及享受安家补贴、子女入学、配偶就业等保障服务优惠政策。

16. 鼓励生物医药企业在招聘高层次生物医药专业人才中使用猎头服务。企业通过人力资源服务机构引进年薪 20 万元以上人才且全职服务 2 年以上的，按佣金的 50%（单个人才最高 15 万元、同一年度单个企业最高 100 万元）给予企业引才补贴。

八、加强政策资源保障

17. 设立昆山生物医药产业发展专项资金。专项资金在昆山市转型升级创新发展财

政扶持专项资金中安排，每年安排不低于 1 亿元资金用于扶持生物医药产业发展。

18. 对本市生物医药产业发展具有牵动或者拉动作用的重大项目，或是技术上处于国际先进水平的创新型项目，可采取一事一议方式给予重点扶持。

九、附则

19. 享受以上各项政策扶持的企业须同时符合以下条件：

（1）在昆山市依法注册的独立法人；

（2）合法经营、依法纳税；

（3）在昆山市开展生物医药产业相关业务，纳入昆山统计。

20. 凡符合本意见内容的企业，在享受上述政策的同时，还可享受我市出台的其他优惠政策，但其中如有相同或重复条款，企业可以选择申报，不得重复享受。

各区镇可结合自身实际，出台相关配套政策措施。本意见自印发之日起施行，试行 1 年。

苏州高新区医疗器械创新型产业集群
全力打造苏州生物医药及健康产业地标实施方案（2020—2030年）

一、总体要求

（一）指导思想

全面贯彻落实党的十九大精神，以习近平新时代中国特色社会主义思想和习近平总书记视察江苏时重要讲话为指导，切实贯彻创新、协调、绿色、开放、共享发展理念，按照国家《健康中国“2030”规划纲要》《国务院办公厅关于促进医药产业健康发展指导意见》、江苏省政府《关于推动生物医药产业高质量发展的意见》等总体要求，遵循《关于加快推进苏州市生物医药产业集聚发展的指导意见》《关于加快推进苏州市生物医药产业高质量发展的若干措施》《苏州市生物医药产业发展规划（2018—2022）》的战略部署，客观面对和解决苏州生物医药产业发展面临的挑战，攻坚克难、提前布局，把握将长三角区域一体化发展上升为国家战略这一时代机遇，充分利用和发挥区域医疗资源优势，以提高药品可及性、提升医疗保障水平为主线，着力催生一批原创成果，着力突破一批卡脖子技术，着力培育一批龙头领军企业，优化产业结构，实现生物医药产业高质量发展，打造具有苏州特色的生物医药产业地标。

（二）发展目标

对标并借鉴美国“波士顿经验”，构建具有苏州特色的生物医药产业生态体系，集聚全球龙头医药企业、高水平医疗机构和世界级学术论坛，力争在十年内打造成为国际知名和国内最有竞争力、最有影响力的产业地标——“中国药谷”。分阶段目标为：

2022 年：力争集聚生物医药企业 4000 家，产业规模突破 2800 亿元，成为国内获批产品最多、产业链最完整、研发合作模式最新的生物医药集聚区，争创国家生物医药先进制造业集群。

2025 年：力争集聚生物医药企业 6000 家，产业规模突破 4000 亿元，初步形成具有国际一流、国内领先的生物医药创新策源地和生命科学研发协作示范区。

2030 年：力争集聚生物医药企业超一万家，产业规模突破一万亿元，实现生物医药领域的国际高端人才在苏州集聚创新、一流创新企业在苏州集聚发展、多元创新要素在苏州集聚融合、重大创新成果在苏州集聚涌现，将苏州生物医药产业打造成最具代表性、最具竞争力、占领制高点的“高原”“高峰”产业，成为全球最具辨识度的产业地标。

二、主攻方向

1. 创新药物。生物药：重点发展抗体药物、抗体偶联药物、全新结构蛋白及多肽药物、核酸药物、系统靶点药物等。新型化药：重点发展 PROTAC 新药开发技术、给药新技术、药物缓释控释技术，及新机制、新靶点、新结构、新药物组合和新剂型（二类新药）化学药等。现代中药：推进中药药学、中药活性筛选、安全性评价和药理学研究，促进传统中药的二次开发，重点发展针对心脑血管和自身免疫性疾病等中药新药及其质量控制、现代工艺等关键技术。

2. 前沿诊疗技术。基因与细胞治疗：重点发展基因工程药物、基因治疗、以 CAR－T 治疗为代表的免疫细胞治疗、干细胞治疗、基因检测、基因编辑等。新型疫苗：重点发展单位疫苗、合成肽疫苗、抗体疫苗、工程活疫苗、DNA 疫苗、RNA 疫苗等。其他前沿技术：人体组织再生、合成生物学、生物 3D 打印、组学研究和生物信息学大数据融合分析、精准医疗、生物医学人工智能、医疗服务和医疗技术等。

3. 高端医疗器械。重点发展影像设备、植介入器械、医疗机器人、高通量基因测序设备、体外诊断设备和配套试剂、高值耗材、生物医用材料、人工器官、手术精准定位与导航系统、高端康复器材、放疗设备、微纳医疗器械、慢病管理、药械组合、分子诊断设备等。

4. 公共卫生应急管理体系支撑产业。重点发展传染病防控及应对突发公共卫生事件的相关产业，包括精准检测试剂、仪器、医用防护用品及专用生产设备等。

5. 产业链配套支撑服务体系产业。重点发展药物生产设备、原辅料及特殊医学用途配方食品的研发和生产，加强医疗废物处置配套能力。

三、实施路径

（一）打造世界一流产业集群

1. 龙头项目和企业招引。一是重点引进行业旗舰项目。围绕主攻方向，力争 5 年内引入具有突破性技术项目 15～20 项，重点项目按“一事一议”支持。二是大力招引龙头企业及总部。聚焦世界 500 强、全球行业前 50 的企业，力争 5 年内引入具有世界影响力企业 15～20 家，并按“一事一议”重点支持。鼓励中国医药工业百强、境内外上市生物医药企业在我市设立地区总部，符合条件的给予单个最高不超过 6000 万元资助，在我市设立具有独立法人资格研发中心的，符合条件的给予最高不超过 1000 万元资助。三是全面推行精准招商模式。探索制定精准招商评估机制，推进招商引资新模式，与第三方专业评估机构合作，对拟引入项目的技术先进性及与产业匹配度进行评估，为招商谈判和精准施策提供支撑。加大对招商引资机构和人员的奖励和提拔使用。

2. 地标企业培育。一是加快争取产业化项目落地。在我市取得药品注册批件、创新医疗器械产品注册证且在大市范围内实施产业化的项目，对总投资 1 亿～5 亿元的，符合条件的给予最高不超过 2000 万元资助，总投资 5 亿元以上的按“一事一议”重点支持。在我市取得二、三类医疗器械注册证且在大市范围内实施产业化的项目，对总投资 5000 万～1 亿元的，符合条件的给予最高不超过 500 万元资助，总投资 1 亿元以上的按“一事一议”重点支持。二是强化土地空间要素保障。将生物医药产业园和重点生物医药企业生产、研发用地纳入工业和生产性研发用地保障线范围，推行弹性年期出让制度，降低生物医药企业用地成本。三是率先开展地标企业遴选。建立涵盖专利数量、研发投入、技术水平、市场潜力、研发进展等指标的企业筛选指标体系，在全市范围内，每年滚动筛选出 15 家潜力地标企业，进行重点培育，切实解决企业发展过程中遇到的问题，力争5年内形成30家左右细分领域领军企业。四是全力支持企业做大做强。优先支持生物医药企业申报苏州领军企业先进技术研究院。对年主营业务收入首次突破10亿元、30亿元、50亿元、100亿元的，最高分别给予100万元、300万元、500万元、1000万元资助，对已进入和首次进入中国医药工业百强企业的给予一次性300万元奖励，药品/医疗器械单品种年度销售首次突破1亿元、3亿元、5亿元、10亿元的，最高分别给予10万元、20万元、30万元、50万元资助。五是不断加大设备投资支持力度。对我市生物医药企业新建项目，或运用先进智能化生产设备、检测仪器，以及使用工业互联网、大数据、人工智能等技术对现有生产设施、工艺装备进行技术改造的项目，加大对设备投资的支持力度，符合条件的给予最高不超过1000万元资助。六是全力推广新生产模式应用。对我市药品或医疗器械上市许可持有人委托本市生物医药企业提供研发、生产服务的（CMO/CDMO），对符合条件的委托方给予最高不超过1000万元资助，对符合条件的承担委托生产任务的企业给予最高不超过500万元资助。七是积极推进企业兼并重组。鼓励医药企业开展境内外并购，通过并购贷款、发行优先股、可转换债券等措施加大对企业兼并重组的金融支持，鼓励各类投资者通过股权投资基金、创业投资基金、产业投资基金等形式参与企业兼并重组。

3. 产业载体建设。一是优先建设产业孵化载体。以国际一流产业园为标准，新建或扩建一批适合前沿生物医药和高性能医疗器械项目的孵化载体，力争五年内全市新增孵化载体10个。二是持续优化跨区合作模式。加快推进苏州生物医药国家战略性新兴产业集群发展工程，大力支持生物医药产业集聚发展。以优化产业布局、强化配套服务、突破要素限制为目标，鼓励各地区在区域合作中采用划定专门区域、一次规划、滚动开发，共同出资投入共建，组建合作开发公司等合作运营方式。三是全面推广苏州工业园区发展模式。借鉴苏州工业园区生物医药产业园发展经验，统筹产业园区及周边生产、生活、生态布局，完善人才公寓、子女教育等生活配套服务，营造宜居环境，提升对人才吸引力，促进载体从空间主导型向产城融合型发展。推动各产业载体完善平台、资本、政策组成的创业服务体系，并组建具有国际化视野的专业服务团队，开展战略性招商和产业链引企。四是积极探索产业链生态建设。参照化工园区安全建设标准，在全市范围内统筹规划布局涉危化医药特别是原料药的产业园区，规范建设管理。在确保产业园区环境质量和安全的前提下，统筹保障产业园区内合规项目的氮、磷等污染物排放总量指标。

4. 产品市场拓展。一是切实推动本地化应用。积极帮助推动创新药、通过质量和疗效一致性评价的仿制药、生物类似药及创新医疗器械进入医保目录。推动创新药品和高值医用耗材在省阳光采购平台挂网采购。深入推进医疗机构配置使用国产乙类大型医用设备试点工作，放宽国产乙类大型医用设备配置数量限制。二是主动并轨国际市场。鼓励企业以发达国家监管政策及市场准入为认证标准，积极参与国际制药巨头主导的市场竞争，积极申请国际认证，对新取得美国（FDA）、欧洲（EMA）、日本（PMDA）等机构批准获得境外上市资质的药品和医疗器械，每个产品给予100万元资助。

（二）抢占全球技术创新高地

5. 创新成果转化。一是大力支持原创新药研发。对获重大新药创制国家、省级科技重大专项的项目，符合条件的给予最高不超过2000万元资助。开展临床试验并在我市转化、符合特定范围内的新药予以资助，对进入Ⅰ、Ⅱ、Ⅲ期临床试验阶段的新药项目，分别给予100万元、150万元和250万元一次性资助；完成临床Ⅰ、Ⅱ、Ⅲ期研究的，再分别给予最高不超过100万元、200万元和400万元资助。单个企业每年资助最高不超过3000万元。二是大力支持医疗器械研制。对新取得医疗器械注册证书的第三类医疗器械产品，给予最高不超过300万元资助，对新取得医疗器械注册证书的第二类医疗器械或其他创新产品，给予最高不超过50万元资助。单个企业每年资助最高不超过500万元。三是不断提高仿制药评价通过率。对在全国同类仿制药中首个通过一致性评价的药品，按实际投入研发费用的20%予以资助，最高不超过500万元。四是不断加大“三首”支持力度。鼓励“三首”（装备首台套、材料首批次、软件首版次）应用示范。对经江苏省级及以上认定的首台（套）装备及关键零部件，属于医疗器械及医药制造范围的，符合条件的给予重点资助。力争五年内新增30件生物医药产业相关首台（套）装备。建立医疗器械“三首”推广目录，对首购首用目录产品的本市单位企业，给予一定风险补偿资助。五是全面加强知识产权保护。支持推进生物医药产业和医疗器械产业知识产权运营中心建设运行，为生物医药产业提供一站式的专利快速预审、快速确权、快速维权、保护协作、导航运营等服务。

6. 人才梯队建设。一是大力引进行业领军人才。引进生物医药领域的国内外顶尖人才（团队），“一事一议”给予量身定制、上不封顶的特殊支持。加快集聚生物医药产业支撑人才，持续扩大产业紧缺人才覆盖面，为重点产业项目定向配给资助名额。围绕生物医药产业延链、补链、强链的关键环节，绘制“人才热力图”，探索建立生物医药产业人才“苏州标准”。二是持续完善人才激励机制。深化完善姑苏创新创业领军人才计划，拓展生物医药产业专项，取消申报人年龄限制，对立项领军人才，优先按照政策上限予以资助。对优秀创业类项目开辟绿色通道，对特别优秀的创新类人才推行认定制。遵照国际通行做法，对标国内最优政策，持续落实优秀人才贡献奖励政策，进一步扩大高端人才受惠范围。建立健全技术、技能等要素参与的收益分配机制，鼓励通过设立技术股等形式，充分调动专业技能人才的积极性和创造性。三是分类创新人才培养模式。做好企业家队伍建设服务工作，积极引导创业科学家向企业家成长。支持企业家积极参与政府决策，通过组织优秀企业家沙龙等方式，鼓励企业家建言献策。探索建立苏州市生物医药复合型人才培训基地，实施“管理新秀培养计划”，积极开展多种形式的企业经营管理人员培训，重点围绕发展特点、人才需求规律等，培育一批复合型管理人才。积极推进生物医药产业的国际职业资格比照认定及专项评审等工作，提升生物医药产业专业技术人才的职称等次。加大在苏高校（含高职院校）及职业学校生物医药相关学科专业建设力度，推进医教协同、产教融合，创新校企合作人才培养模式。

7. 机构平台搭建。一是全力推进国家级平台建设。为抢占世界生物医药发展高点，启动国家级生物医药产业技术创新中心建设，以“建设生物医药核心技术创新的全球中心”为目标，推动生物医药产业领域前沿技术与关键技术攻关和共性技术的推广应用，建设服务高成长型科技企业培育孵化的高水平平台。二是尽快推动重点实验室建设。筹建医用材料方向的国家实验室，带动基础研究和高水平学术交流，实现苏州国家实验室零的突破。以全球范围内诺贝尔奖获得者团队为依托，加强诺奖实验室建设。

依托冷泉港诺奖得主流动工作站，对接长三角资源，鼓励本地科研机构建设面向产业化的新型产业研究院所，承担研发创新和转化运营等功能。三是加快打造产业五大配套中心。省生物医药创新资源协同运营中心、省医疗器械产业技术创新中心、市医药注册申报服务中心、市级医学转化中心、市医学影像中心。四是抢先抓好一批关键平台载体建设。加快健康医疗大数据产业服务平台、临床试验数据服务平台、生物医药工业互联网平台、CRO/CDMO 平台、生物医药物流平台、医药工业废弃物处理设施等平台建设，对经符合条件的给予最高不超过 2000 万元资助。五是充分用好国家基因库苏州库。在国家基因库苏州库的基础上，建设集基因组、转录组、蛋白质组、代谢组、表观遗传组、临床检验于一体的数据体系，建设具有产业应用价值及科研前瞻性的样本库和医疗大数据中心。

8. 创新资源汇集。一是不断强化国际合作。加强国际技术合作，深化与大型跨国公司建立战略合作伙伴关系，支持企业建立跨境研发合作平台，鼓励企业开展新药国际多中心临床研究，挖掘全球创新成果，实现创新药走向国际市场。鼓励苏州本地企业参与国际标准的制定和修订工作，推动行业标准、管理规制和知识产权与国际接轨。二是深度融入长三角一体化。把握长三角一体化的战略机遇，借助长三角区域相关城市的临床资源、创新平台等要素，提升创新能力。通过建立产业转移互惠机制，推动张江高科技园区等重点园区科研项目在苏州实现产业化，合作打造具有国际竞争力的生物医药产业集群区。三是持续汇聚行业资源。组建苏州市生物医药产业地标推进联盟，建立高层次顾问专家智库，集聚国内外生物医药领域各类科技、产业、金融等高层次专家，为生物医药产业发展提供决策咨询。打造在国内有影响力的产业联盟，由市级财政给予补助，用于支持开展技术创新协作、交流活动、组织培训及举办高端论坛、展会等大型活动。四是不断扩大学术平台优势。打造“药谷”系列论坛，精心办好冷泉港学术会议、中国医药创新与投资大会、中国小核酸技术与应用学术会议等高端会议，争取苏州作为中国生物产业合作论坛等会议的长期举办地，进一步深化内外交流，扩大行业影响。

（三）优化产业配套服务环境

9. 提升临床服务能力。一是持续鼓励医工结合协同创新。加大对本地临床试验等医工结合协同创新项目的支持力度，鼓励在苏医疗机构与生物医药、医疗器械企业开展共同申报、联合攻关，推进我市生物医药及医疗器械产业与医疗卫生事业融合发展。二是大幅提升临床试验能力。对已取得认定证书的机构，以科技项目形式，对每个新增通过认定专业给予 50 万元研发经费资助，同时鼓励我市有资质的医疗机构联合国内先进医疗机构协同开展临床试验，对联合协同开展的我市医疗机构给予 50 万元研发经费资助；鼓励全市符合条件的医疗机构积极申报、登记备案，对通过评估认证的医疗机构，以科技项目形式，对每个通过认定专业给予 50 万元研发经费资助。鼓励社会力量投资设立临床试验机构，参照前两类给予适当支持。以通过国家药监部门批准为计，力争五年内全市具有“药物临床试验机构资格认定证书”医疗机构达 15～20 家，且各市（区）均拥有一家以上获得临床试验备案的三级医院。三是着力激发医务人员积极性。鼓励有资质的医疗机构和医务人员积极承担本市企业新药临床试验工作。对参与完成临床试验等任务的医疗机构和医务人员，在市级科技项目申报、评审和立项中给予优先支持。四是完善临床试验风险管理机制。推广面向生物医药企业的新药临床试验责任保险，有效分散、化解新药临床试验研发的高风险。五是不断完善考核评价机制。仅用于临床试验的病床，不纳入病床效益、周转率、使用率等考评体系，强化医务人员参与临床试验的激励机制。六是全力打造国家级试验基地。先行建设中国干细胞医院，依托苏州大学附一院在血液系统疾病领域临床和科研的领先优势，推动医院和干细胞龙头企业联合组建干细胞专科医院，打造成为国家级干细胞临床研究、临床试验和临床转化基地。七是充分发挥医学伦理专家委员会作用。加大与北京、上海、南京等地临床资源合作，推动建立长三角区域互认的伦理委员会审查机制，提高伦理审查的效率和质量。八是加快设立健康创新联盟。积极对接健康中国行动——创新发展联盟，依托苏州大学健康中国研究院建立多领域（产、学、研、政）健康创新联盟，联合具有一定国内科技影响力的医院和临床专业，协同我市相关临床试验资源，设立苏州自贸区临床试验创新联盟。

10. 政策先行先试。一是重点加快审评审批速度。借助自贸区苏州片区发展机遇，积极对接国家、省药品监督部门，加快产品检验、现场检查、审评注册等时间。加强对上争取力度，对符合条件的企业申报新药和创新医疗器械开辟优先审评，为我市药品和医疗器械注册申报营造更加便利的环境。二是确保加快药品通关速度。提高药品监督检验和生物医药检验服务承载量，由当前7000批提升至20000批。对于常年需要进行科研、临床研究或生产用品（试剂、仪器设备、生物样品、抗体原研对照药等）进出口的生物医药相关单位，由苏州海关、苏州工业园区海关会同有关部门按海关总署政策规定给予相应优惠便利。在2020年提前实现“5年内进出口整体通关时间再压缩一半”目标，争取五年内扩建成为具有首次药品进口资质和生物制品进口资质的口岸。三是积极探索分类有效管理。优先指导服务规范收集、分类、暂存危险废物的生物医药企业，解决危险废物处置难的问题。在符合相关产业政策前提下，探索研究集中建设苏州生物医药危化品仓库，或在产业园载体配建危化品仓储、危废集中处理等满足环保、安全要求的设施，为区内孵化的企业提供服务，加强对企业使用、储存危化品的监管与指导，严防生产安全事故发生。构成危化品建设项目的，依法进行安全审查，同时做好指导服务，为行业高质量发展提供安全保障。

11. 金融资本支撑。一是极力打造产业基金群。鼓励市（区）产业投资基金、风险投资基金、创业投资基金、专项建设基金，以市场化运作机制，发起设立生物医药产业投资系列子基金，形成总规模不低于200亿元的具有苏州特色的生物医药和医疗健康产业基金群，构筑多层次股权投资基金体系，涵盖初期研发、项目落地、股权投资、新药引进和海外医疗服务等领域，投资并促成相关创新项目落户苏州。二是持续增强金融信贷力度。鼓励各在苏金融机构加大对本市生物医药企业的支持力度，积极推动开展融资租赁、担保质押、知识产权质押等创新型金融支持方式，支持银行等金融机构加大对生物医药企业的信贷投放力度，支持优质生物医药企业充分利用境内外多层次资本市场上市挂牌融资，拓宽直接融资渠道，对在资本市场实现IPO的生物医药类科技瞪羚企业，由市（区）财政给予不少于300万元奖励。三是探索创新保险产品保障。鼓励各类在苏保险机构提供生物医药人体临床试验责任保险、生物医药产品责任保险等定制化综合保险产品，并纳入苏州市科技保险补贴范围，创新开辟医药行业的特殊险种快速理赔绿色通道。四是加紧落实税收优惠支持。结合国家税制改革方向，落实研发费用加计扣除、固定资产加速折旧、高新技术企业等优惠政策。

四、区域布局

（一）做强两核

——苏州工业园区。围绕创新药物、生物技术及新兴疗法和医疗器械三大产业集群。在创新药物领域，聚焦新机制抗体药物、原创靶点小分子药物、抗体偶联药物、核酸药物、基因工程药物、新型疫苗、全新结构蛋白及多肽药物、临床优势突出的创新中成药、罕见病用药、儿童用药、新剂型及制剂技术如靶向给药系统、个性化治疗药物等。在生物技术及新兴疗法领域，聚焦干细胞治疗、新型细胞免疫疗法、基因治疗、基因检测、基因编辑、人体组织再生、合成生物学、生物 3D 打印、组学研究和大数据融合分析、生物医学人工智能、医疗服务和医疗技术等。在医疗器械领域，聚焦高端影像设备、植介入器械、手术精准定位与导航系统、高通量基因测序设备、体外诊断设备和配套试剂、高值耗材、手术机器人、高端康复器材、放疗设备、微纳医疗器械、慢病管理、药械组合等。依托中国（江苏）自贸区建设机遇，围绕免疫细胞治疗、干细胞治疗和基因治疗前沿技术领域，积极向上争取创新政策制度先行先试，把苏州片区打造成为细胞治疗和基因治疗的先行区，争取在苏州工业园区建立细胞产业研发、应用、产业化监管和审批试验区。

——苏州高新区。主要依托江苏医疗器械科技产业园为产业载体，加强江苏省医疗器械产业技术创新中心建设，充分发挥中科院苏州医工所、东南大学苏州医疗器械研究院、江苏省医疗器械检验所苏州分所等创新资源，筹建省药监局认证审评中心苏州医疗器械审评分中心。聚焦高端医疗器械，重点发展体外诊断、生物医用材料和植介入器材、医学影像设备、治疗设备、康复类医疗器械五大细分领域。在体外诊断领域，重点发展分子诊断和免疫诊断设备和试剂，包括化学发光分析、数字 PCR、流式细胞仪、微流控技术、POCT、医用质谱仪、液体活检等。在生物医用材料和植介入器材领域，重点发展心血管支架、PCTA 球囊、人工关节、修复生物膜、牙科材料等。在医学影像领域，重点发展 SPECT - CT、激光共聚焦显微镜、PET、内窥镜等。在治疗设备领域，重点发展手术机器人、手术导航系统、外科吻合器、除颤仪、心脏起搏器、人工器官等产品。康复类医疗器械，重点发展呼吸机、制氧机等，加强与工业园区及其他集聚区的协同合作，引导临床试验、规模化生产、示范应用等环节向高新区聚集。

（二）做大多极

立足现有产业基础、创新基础和空间分布，系统谋划吴中诊断检测及医药加速基地、昆山小核酸及生物医药产业基地、太仓医药生产性服务业基地、常熟创新化药和手术设备基地、张家港骨科材料特色基地、相城智慧医疗及治疗设备基地、吴江特色药研发基地。

——昆山市。依托昆山小核酸科技园和昆山高科技医疗器械产业园，在医药制造领域，重点发展 siRNA 药物、microRNA 药物和反义核酸药物等小核酸药物，创新化学药物，蛋白药物，基因工程药物，抗体药物、基因治疗药物；突破 GalNac 共轭连接技术、多肽纳米颗粒导入技术等小核酸药物递送技术，氘代平台制药技术，非天然氨基酸修饰技术，纳米蛋白载药技术，给药新技术及药物缓释控释技术；着力引进 RNA 修饰、RNA 合成等配套环节。在医疗器械领域，重点发展核心芯片、微流控芯片、核心零部件、体外诊断、生物可降解材料、关键模组、智慧医疗等产品，加强与苏州工业园区、苏州高新区等其他集聚区的合作互动。鼓励园区载体完善平台支撑和配套服务，实现企业进一步集聚。

——太仓市。依托太仓生物医药产业园、太仓生物港、江南医谷等产业载体，加快实施建设一批骨干载体项目。在医药制造领域，积极开发生物制药、高值耗材等高端产品，培植区域产业特色。以生产性服务业为“磁极”，进一步做强本地领军企业，发展靶点筛选、药物合成、委托小试、安全性评价、药物动力学评价等 CRO 服务，重点发展创新药物、转化医学、工艺开发、产品生产研发等 CDMO/CMO 服务。依托太仓港经济技术开发区化工园区，吸引医药企业入驻，向高附加值生物药、化学药领域拓展。发展公共卫生应急诊断试剂、精准体外诊断、再生修复材料及配套自动化设备等高端医疗器械设备。

——吴中区。依托吴中生物医药产业园为载体，充分发挥药明康德符合国际规范的临床前安全性评价中心、苏州药检所等支撑机构的重要作用，聚集药代动力学评价、毒理学评价、生物分析以及全球 IND 申报等关键环节，重点打造大分子（多肽、抗体）、小分子、ADC、细胞治疗、基因治疗、CRO、CMO、IVD 等全链条并举的医药加速基地。同时结合吴中智能制造（机器人）特色，培育 AI 医药产业。

——常熟市。依托常熟市生物医药特色产业基地（古里）和苏虞生物医药产业园，聚焦治疗设备、化学新药的原料药及制剂一体化项目，重点发展恶性肿瘤、糖尿病、心血管疾病等重大疾病领域的小分子靶向药物、新型药物制剂、数字一体化手术系统、手术辅助机器人、手术红外导航系统、数字麻醉机工作站、手术吻合器等手术设备。积极对接苏州工业园区和苏州高新区产业化项目，引进合同生产、合同研发、生物药、医疗器械等优质项目，将常熟打造为苏州市重要的手术设备及创新化学药产业化基地。

——张家港市。依托张家港医疗器械高新产业园，围绕骨科材料，重点发展新材料接骨板、接骨螺钉等创伤类植入物，胸腰椎钉板系统、颈椎钉板系统、融合器系统等脊柱类植入物，髋关节植入物、膝关节植入物等关节类植入物，将骨科材料打造为张家港市生物医药产业的特色名片。立足我市精细化工优势，加强与苏州工业园区合作对接，支持我市企业为高端原料药、制剂、重大仿制药及大品种化学合成创新药提供产业链配套供应。针对自身免疫性疾病等中医优势病种，促进发展现代中药。

——相城区。围绕“医药、医械、医疗、医学”四大方向，聚焦生物医药产业重点领域，加快发展新药研发及产业化、高端医疗器械、医疗健康服务、医学科研和教育，促进全区生物医药产业高质量发展。强化与苏州工业园区对接合作，引导产业化项目向相城集聚，加速创新成果落地。依托相城生物医药国际研发社区，推动研发与生产融合，重点发展新药、再生、细胞、诊断等为主的生物医药、医疗器械和医疗健康产业。依托相城生命科技港，打造高端诊断设备、诊断试剂、康复辅助器具和精准医疗、细胞治疗等多个细分产业。在智慧医疗领域，重点发展智能可穿戴设备、智能胎心仪、智能血压计等智能硬件以及智慧健康管理、HIS、电子病历、转诊平台等医疗信息化系统。在治疗设备领域，重点发展康复训练器、平衡控制训练系统、下肢康复机器人等康复设备。依托“复旦大学附属中山医院长三角合作医院”主动承接上海医疗服务功能溢出。

——吴江区。依托吴江开发区、汾湖高新区等板块，在医药制造领域，重点发展以抗体药物为主的生物药和以小分子靶向药物、新型制剂为主的化学药。在医疗器械领域，重点发展心血管介入器材、组织工程材料。充分依托长三角生态绿色一体化示范区先行启动区战略优势，探索布局生物医药领域创新载体。

——姑苏区。依托生命健康产业园，大力发展数字医疗、远程诊疗、新药和医疗器械代理，构建 CDMO 平台、医疗大数据、医保大平台等，做大医疗消费市场。

五、工作推进

（一）统筹部署

成立打造苏州生物医药产业地标领导小组。由市委、市政府领导担任组长，成员单位为市人才办、发改委、科技局、工信局、财政局、市场监管局、卫生健康委等相关部门，办公室设在市工信局，对生物医药产业发展工作进行统一组织、协调和监督，协调全市资源，统筹召开联席会议、完善责任分工和考核评价机制等产业推进工作，加快产业发展。

（二）责任分工

全面推行苏州生物医药产业发展目标责任制，根据本《方案》细化分解发展目标及各项任务，按照部门与市（区）职能，认真梳理工作计划，制定《打造苏州生物医药产业地标方案任务责任分工表》，将责任具体化、规范化、台账化。围绕具体工作任务，明确责任单位、责任人、时间节点和完成时限，建立动态统计监测指标体系，强化责任落实考察，确保任务落实到位。

（三）考核评价

建立差异化考评体系，注重不同部门、不同任务的特点，把结果性指标与过程性情况有机结合，充分体现考核内容的激励性和约束性，同时强化考核操作，坚持日常考核和年终考核、定性评价和定量评分相结合，增强考核方式的完整性和系统性。针对具体考核结果，探索实绩“公开、公示、公议”等做法，对于考核结果未达到要求的，由领导小组责令限期整改，对于考评结果为优秀的，由领导小组进行表彰。

（四）财政保障

本方案中涉及既有政策的财政支持方式仍延续原政策规定执行。新增及加码的财政支持政策项目认定时限为2020～2022年，相关事宜由市工信局会市财政局负责解释。上述财政支持政策除特别说明外，资助范围为在苏州大市范围内进行登记注册，具备独立法人资格，从事生物医药研发、生产和服务的企业，以及其他事业单位、社会团体、民办非企业等机构；其中，涉及吴江区、吴中区、相城区、姑苏区、苏州工业园区、苏州高新区的项目，市级财政奖补比例为30%，涉及张家港市、常熟市、太仓市、昆山市的项目，市级财政奖补比例为10%。实施期间如遇国家、省、市有关政策规定调整的，或实施期限到期，根据产业发展需要进行相应调整。